いりにこち

矢崎泰久
中山千夏

いりにこち

まえがき

中山千夏

こんにちは。はじめまして、でしょうか？　それとも連載をお読みいただいていたのでしょうか？

「いりにこち」と題して、矢崎泰久さんと交互に、琉球新報の文化欄に連載を始めたのは、２０１１年の秋。月1回の連載で、第1回、3回、5回……と奇数回が矢崎さん、偶数回が私の担当だった（都合で、途中1回矢崎さんが抜けたため、その先は逆になってしまいましたが）。そして最終回が２０１８年の春。

ほぼ7年間も続いた新聞連載は、私としては珍しい。

矢崎さんと琉球新報には、深い縁がある。私もその縁にひっかかっている。それについては、第2回に詳しく書いているので、ご参照のほどを。

その原稿に、担当編集者からマッタがかかったのを思い出す。「こういう私事を、それも我が社の社長にまつわる私事を書かれるのは、新聞として好ましくない」と。しかし、私の人生63年（当時はまだそんなに若かった！）は、国会議員をした6年間を除いて、すべてがワタクシゴトなのだ。だから、ワタクシゴトでしか喋れない、書けない。困った。

折衝の結果、なんとか担当者が受け入れてくれた時には、おおいにほっとしたものだ。


政治、経済、芸能、世相、学問、なににつけても、専門知識のない私は、すべてワタクシゴトで考え、語り、書くしかない。いや、モノ書きとしてそれを卑下してはいない。

専門知識もないくせにモノを書くな、と言われれば、なによ、専門家でなくても自由に考え発表する、それが民主主義でしょ、と言い返す構えもある。専門知識は余るほどあっても、考えが足りない者がいっぱしモノを書いて世の中を散らかしている。あらゆるマイノリティを抑圧し、個人より国家、の方向に風を起こしている。けしからん、ワタクシゴトなる蟷螂《とうろう》の斧で、きゃつらを撃ってくれん、との蛮勇もある。

いや「蛮勇も」ではなくて、「蛮勇だけがある」と言うべきだった。

いっぽう矢崎さんは、中学時代から壁新聞を作っていたそうで、新聞記者からスタートし、自分のメディア『話の特集』を起こし、その後も記事やノンフィクションを精力的に書いてきた。お読みいただければわかるとおり、ペンを握るや、敢然と人民の側に立つジャーナリスト魂が湧き上がり、強烈な公憤に燃えて書く。ワタクシゴトでは書かない。

ただし、人生ではワタクシゴトも決しておろそかにしないところが、稀有なひとだ。

本書では、そんな矢崎さんの記事と、私とのコンビネーションを、お楽しみいただけたら幸いです。

もう一言。

「いりにこち」という題は、私が提案したものです。西に東風、イリニコチという音が気に入っただけのことですが、難渋の極みにある西の島に、一陣の東風を送って声援しよう、というつもりもありました。

沖縄の読者を意識して書くことで、島と内地の温度差をしみじみ感じました。おかげで、この間、内地人でありながら、からくも正気を保つことができた、と思っています。

その機会を与えてくれた琉球新報に感謝、です。

嬉しい知事勝利の日に　2018年9月30日　記

中山千夏（なかやま・ちなつ）　1948年熊本生まれ。8歳で俳優デビュー。70年代には俳優、司会者、歌手としてテレビで活躍。同時に文筆活動を始める。著書は80冊以上。80年から参議院議員1期。現在は文筆活動に専念。近著は『活動報告』（講談社）。

いりにこち＊目次

2013年

2014年

2015年

2016年

2017年

2018年

今こそ「沖縄を返せ！」

敗戦直後の日本に「うたごえ運動」が流行した。うたごえ喫茶、うたごえ酒場、うたごえ広場、うたごえ祭りなど、最初はロシア民謡が主だったが、やがて自分が作った歌を若者たちは歌うようになった。そのひとつに「沖縄を返せ！」（全司法福岡支部作詞、荒木栄作曲）があった。

固き土を破りて
民族の怒りに燃える島　沖縄よ
我等《われら》と我等の祖先が血と汗をもて
守り育てた沖縄よ
我等は叫ぶ沖縄よ
我等のものだ沖縄は
沖縄を返せ！
沖縄を返せ！

1

60年安保の年には、デモ隊は「沖縄を返せ！」を歌いながら「安保反対」を訴えた。その情景を覚えている人は、今はもうほとんどいないだろう。歌詞の良し悪しはともかく、私の耳にはこの歌が焼きついて離れることはなかった。

「沖縄を返せ！」が作られたのは1956年だった。そして、沖縄返還が現実のものになったのは1972年5月15日である。屋良朝苗主席と佐藤栄作首相が並んで式典に出席している姿は実に白々しかった。その間の16年の歳月の空しさと本土並み返還の嘘はとうてい許されはしない。

返還の前年、私は沖縄を訪れ、『話の特集』に長文のレポートを書いた。私たちが待ち望んでいた復帰とはほど遠いものになる予感があったので、私の結論は返ってくるより独立した方が良いのではないかというものだった。日米両国政府で話し合われている復帰プランは沖縄住民たちを明らかに蔑《ないがし》ろにしていた。

沖縄返還直前の4月4日、毎日新聞記者の西山太吉が「外交秘密文書漏洩《ろうえい》」容疑で検挙された。日米間の密約の有無が大問題になるや、権力側は圧力をかけ、国民の「知る権利」を奪ったのである。

1

爆撃機下のCM

傷だらけの返還によって基地は存続させられ、核兵器が大量に保管されている疑惑が残ったままとなった。沖縄戦における犠牲者の補償もうやむやにされ、何のための本土復帰だったのか、住民たちは戸惑うしかなかった。

佐藤栄作は、2年後の1974年10月8日、ノーベル平和賞を受賞する。非核三原則、つまり「持たない、作らない、持ち込ませない」という国是を定めたことで世界平和に貢献したというのが受賞の理由だった。何というペテンだろうか。後年アメリカの外交文書が公開され、沖縄返還の密約が明らかになった。

まさに日本の闇は、沖縄を中心にして増殖されていったのである。返還直後から報道規制によって、アメリカ軍基地にまつわるニュースはメディアから消えた。ことにテレビは沖縄におけるアメリカ軍関係の不祥事を伝えることはなかった。キャンプ周辺で取材中の作家佐木隆三が不当逮捕されたのも返還直後のことだった。

永六輔のテレビCM「浅田飴」のプロデューサーを担当していた私は、永さんと相談して、沖縄の現在をCMで公開する無謀とも言える計画を立てた。基地そのものは撮影できないにしても、騒音に悩まされる街や我がもの顔に闊歩《かっぽ》する米兵士たちを背景として捉える考えだった。

1

私たちが持ち帰ったフィルムは、広告代理店から猛反対された。しかし、当時の浅田飴社長六代目の堀内伊太郎は、低空で飛ぶ爆撃機の下で声を枯らして「せき、こえ、のどに浅田飴」と叫ぶ永六輔の姿に感動してオンエアーに踏み切った。毎日流れる沖縄バージョンのCMで私たちはようやく溜飲《りゅういん》を下げたのだった。

見捨ててきた歴史

いささか古い話ばかり書いてしまったが、沖縄については数々の思いが私の内部には錯綜《さくそう》している。それでも沖縄に思いを馳《は》せると、どこか釈然としないものが渦巻いて消え去ることはない。

明治・大正・昭和と三代続けて、日本政府は何ひとつ沖縄の人々のためになるようなことはしてこなかった。むしろひたすら犠牲を強いてきたのである。第2次大戦の最後の戦場になった事実は重い。ずっと見捨ててきた日本政府らしい決着でもあった。

占領したアメリカ軍によって、電気、ガス、水道、道路といったインフラはようやく整えられたし、文明も開化している。このことで差別の実態が歴然と浮き彫りにされた。

民主党は政権交代を果たした選挙で鳩山由紀夫代表が普天間基地の国外・県外移転を約束した。しかしアメリカはそれを許さなかった。その前に小沢一郎を失脚させており、

1

鳩山由紀夫も辞職に追い込んでいる。結果、政権はボロボロである。

はっきり言うならば、日本はいまだに独立を果たしていない。だから沖縄だって実際には返還などされていないのである。

改めて声張り上げて、今こそ叫ぼうではないか。「沖縄を返せ！」と。

２０１１年9月19日（矢崎泰久）

私のバランス

矢崎泰久さんより15、16年あとに、熊本で生まれた。ほどなく移住して、幼稚園からは大阪。布施市で育った。今は合併して東大阪市になっている。児童劇団に入って、気がついたらちょっと名のある子役になっていた。

小学5年生の秋、劇作家・菊田一夫に招かれて、有楽町の芸術座（今はもうない）で「がめつい奴」に出演し、そのまま、銀座の小学校に転校して、以後、東宝専属の俳優となった。舞台を中心にしながら、テレビでも仕事をし、ＮＨＫの人形劇「ひょっこりひょうたん島」の「博士」の声を演じたりもした。

高校卒業後、思うところあって東宝を辞め、仕事の中心を舞台からテレビに移した。すると、ドラマの余技と心得ていたワイドショーの司会やポップス（「あなたの心に」）が当たって、超売れっ子タレントの悲喜をじゅうぶん味わうことになった。当時の私のファンには、70年反安保闘争のまっただなかにあった同世代がたくさんいた、と聞いている。

2

リブとの出会い

ここまでは、自己紹介をかねた言い訳だ。70年前後の私は、まったくの政治社会オンチで、沖縄返還を巡る事情も基地問題も、なにひとつ知らなかったのだが、それはこのような経歴による、と弁解しているのだ。

転機はウーマンリブだ。73年ごろだったろうか、リブの仲間と出会って一種の女権運動を始めてから、私の頭の中はがらりがらりと変わっていった。一口で言えば、「私はDNAだけではなく、社会の歴史と文化でできている。だから私には個人的問題と同時に、社会的問題がある」という事実を、やっと理解したのだった。

さらに矢崎さんとの接近が大きかった。出会いは雑誌『話の特集』の社主・編集長、こちらは執筆者として70年ごろからあった。接近は、その数年後、矢崎プロデュースで開かれた上野本牧亭《ほんもくてい》での「巷談《こうだん》の会」に、矢崎さんとコンビを組んで出たことからだ。そうそうたる硬派論客のなかにあって、政治も性事も仕分けなし、口から出任せ言いたい放題、漫才のようなこの対談はとてもウケた。毎月開かれた会そのものもいつも満席で、矢崎・千夏対談はその目玉になった。

私たちは回を重ねるごとに意気投合していった。政治的な問題や政治家や活動家を、矢崎さんは山ほど私に解説、紹介してくれた。矢崎さんは矢崎さんで、もし千夏さんと出会わなかったら、ボクは一生女性蔑視から抜けられなかった、と言ってくれている。以後ずっと、矢崎さんは私の親友中の親友だ。

ところでさっき「私には個人的問題と同時に社会的問題がある」と書いた。どちらについての活動も大事だと思う。一時、社会のほうに傾き過ぎて国会議員になってしまったりもしたが、どちらかと言えば、個に寄りかげんでバランスを保ちたい。全体主義や国家主義にひっぱられない用心だ。

楽屋での面接

というわけで、記念すべき「いりにこち」開始に当たっても、ごく個人的な話をしてしまおう。今は昔、先に書いた「巷談の会」の楽屋でのこと。矢崎さんが、そこに居合わせた永六輔さんと私に言った。「新入社員の面接をするから、ふたりも見て、意見を聞かせて」と。当時、非常に多忙だった矢崎さんは、出先で会社の仕事をすることが多かったとはいえ、面接は珍しかった。今にして思えば、面接を受けるほうはさぞ戸惑ったに違いない。有名人がずらりといる、しかも畳敷きの寄席の楽屋で、社長の暇を見計らって面接試験をするというのだから。

出番の合間に、一応、襖《ふすま》で区切った一角で、矢崎さんは面接を始めた。永さんと私は、

2

少し開いてある襖の間から覗《のぞ》き見た。冗談半分だから、ほんの時々、ちらりと見ただけだ。しかし奇しくも、永さんと私は同じ青年を推した。私の理由は「ハンサムだから」だった。そう言いはしたが、実は、矢崎さんの前にちょこんと正座した青年の風情から、とても誠実な印象を受けたのだ。永さんの理由は「沖縄だから」だった。そう言いはしたが、実はどう思ったのか知らない。時節柄、よくも悪くも沖縄が特別な意味を持っていたのは確かなことだが。矢崎さんは首を傾げながらも私たちの推薦を容《い》れて、彼の採用を決めた。

そのトミタ君は、期待通り誠実に何年か働いて、やがて故郷に帰っていった。社内結婚した東京っ子の妻と共に。そして、永さんと私の炯眼《けいがん》を証明することになった。もともと沖縄文化への寄与が抱負だったのだろうか、琉球新報に入社した彼は、『話の特集』での修行を土台に、こつこつと業績を積んだらしい。沖縄へ行ったついでに訪ねたり、矢崎さんから噂を聞いたりする度に社内での地位が着実に上がっていた。そしてついに、去年の夏、社長就任のハガキが届いたのだ。

いかにも、琉球新報社現社長、富田詢一さんがその青年だった。トミタ君は昔も今も、沖縄の社会的事情に疎い私を沖縄に結びつけてくれる、強い個人的な絆なのである。

２０１１年10月17日（中山千夏）

3 「12年問題」世界と沖縄

人類が70億人に達した日、世界中のすべての赤ちゃんが70億人目として記録され認定証をユネスコから受けた。喜ばしいこととしてメディアでは報道されたが、地球はたぶん悲鳴を上げたかも知れない。人口が増加を続けることが、どれくらい地球の負担になるか計り知れないからだ。

世界そのものがざわついている。落ち着きがないどころか、あちこちで異変が起きている。天変地異もあるが、政治経済の分野ではもっと顕著である。むろん日本も例外ではない。

２０１２年は激動の年だとかねてから言われてきた。いわゆる「12年問題」である。その前兆が今年は政変や経済危機としてあちこちで多発してきた。しかも、民衆が動きはじめたのだ。エジプト、シリア、リビアなどで旧態依然たる政権が次々に倒され、民主化への声が高まりを見せた。

ノルウェーやイギリスでの人種差別の深刻化もその一つで、デモが暴動にまで発展している。欧州クライシスとされるユーロ圏の国家債務危機もギリシャからイタリア、スペインへと伝播《でんぱ》し、政変へと拡大しつつある。つまり「12年問題」の前触れに違いない。

崩れる枠組み

すべての原因はリーマン・ショック以後のアメリカ（ドル）の衰退と中国（元）の台頭によるとも言える。しかし、それとて今に始まったことではなく、アメリカによる世界支配の構図が次第に崩壊したからである。

アメリカの横暴な振舞いに世界中が辟易《へきえき》としたことでテロが生まれた。いつだってアメリカだけが正義という論理が通じるわけもないのである。そのアメリカにひたすら同盟国として追従してきた日本が信用を失うのは時間の問題だった。ＴＰＰ問題もその一つに過ぎない。

「12年問題」の最重要な要素は、世界各国で政権に変動があることで、従来の枠組みが保たれなくなる点だろう。国家元首が交代する国が多いのも注目しなければならない。どこまで民主的な選挙かは不明だけれど、アメリカ、ロシア、韓国で大統領選挙が行われるし、中国の新主席に習近平が任命される。金日成《キムイルソン》生誕１００年を迎える北朝鮮は、金正日《キムジョンイル》から金正恩《キムジョンウン》への権力移行を実現するだろう。中近東とアラブ、アフリカは混乱のままだし、インド、パキスタンも政情不安定だから、世界は貧困を抱えながら闇に沈みかねない。

偉大な歴史学者だった羽仁五郎は40年も前に「多国籍企業《コングロマリット》がやがて世界を滅ぼす時代が来る」と予言していた。まさに今がその時である。金のためなら何でもやる多国籍企業は売国奴でもあり、騒動を起こしては死の商人となり、公害を撒《ま》き散らす。ヨーロッパにユーロが誕生し、17カ国（使用国は27カ国）が共通の貨幣を用いた理由は、平和のためであると同時に多国籍企業と一線を画したかったからでもある。ドルには対抗できたが、ドルを支え続けるイギリス（ポンド）が不参加だったために本来の目的を果たすことができなかった。実際にはドルは破綻している。それを誤魔化《ごまか》しているから円高は続いているのだ。

ウチナー民主主義

「12年問題」は沖縄にも大きな影響を及ぼすことになる。代々の日本政府が沖縄を犠牲にすることによって日米関係を維持してきたからである。歴史認識は大切だから触れておくけれど、戦争に負けた時にアメリカが沖縄を完全占領することで本土の復興を実現している。わずか日本の国土の0・6％にすぎない沖縄に米軍基地の74％が存在するデタラメはそこにある。沖縄から基地負担を引き受けようとしないヤマトンチュー全員にその責任がある。平然としているのは差別意識があるからだと私は思う。

沖縄返還に際して、沖縄に核の弾薬庫があることは公然たる事実だった。しかもその弾薬庫は大浦湾に面したキャンプ・シュワブ兵舎地区北側である。海兵隊が管理する核の弾薬庫は今でも辺野古にあるということだ。

ふざけた話ではないか。その辺野古に普天間飛行場を移すという計画なんて、絶対に許してはならない。日本政府はずっとそれを知っていて隠蔽《いんぺい》してきたのである。もう少し詳しく説明すると1981年9月、核及び化学兵器が第3海兵役務支援大隊によって管理されていることを承知しながら「部隊の存在と核の存在は結びつかない」と日本政府は強弁している。現在の国道331号は、復帰前は停車禁止区間だった。

誰が何と言おうとも、辺野古に移転はさせてはならない。これまでの経緯などはどうでもいい。アメリカだろうが日本政府だろうが、これほどまでに人権を蹂躙《じゅうりん》した話は他にない。つまり、沖縄のウチナーンチュ民主主義で吹っ飛ばすことだ。これでいい。

私たちが嫌だ、私たちが許さない。この理屈こそが沖縄を守る「12年問題」なのである。

日本全土にある自衛隊基地に少なくとも現在沖縄にある米軍基地の半数以上を移転させる法律を作るべきだ。今こそ琉球にあったウチナーンチュ民主主義を守れ！

2011年11月21日（矢崎）

3

ナイチャーと沖縄の間には

昔、70年代の後半ごろ流行《はや》った歌に「黒の舟歌」というのがあった。流行った、といってもコチラでのことだから、イリではさほどでもなかったかもしれない。作詩・作曲家の桜井順が、作家・野坂昭如のために作り、のちにはギタリストで歌手の長谷川きよしなども歌って、きよし版のほうが流布した、と覚えている。思えばみんな、一緒に市民運動をした仲間だ。それはともかく、その1番。

〈男と女の間には深くて暗い川がある／誰も渡れぬ川なれど／エンヤコラ今夜も舟を出す／ロウアンドロウ…／振り返るなロウ〉

名曲だ。しかし、当時、駆け出しウーマンリブだった私は、なあんちゃって、と思った。これまでそっちから川を渡ろうとしたことがあったか？　昨今ちょっと気を遣いだしたからといって、ご大層に言うんじゃない。何千年の女性差別を、それで許してもらおうと思ったら大間違いだぞ！　というわけだ。

いまだにそう思う。ただしそれは、女の位置で聴いた時だ、と最近、気がついた。アタマのなかで、歌がふとこう替わったのだ。「ウチナーとナイチャーの間には深くて暗い川が

4

ある…」。すると、ぎこちないながら、川を渡ろうと努力する健気《けなげ》なナイチャーが見えてきた。なんのことはない、私がナイチャーの位置にいるからだ。してみると、あの歌を男の位置で聴いたなら、健気な男が見えるのかもしれない。さらに思った。だとすると、ウチナーンチュの位置にいて、この替え歌を聴けば、私がこの歌のオリジナルを聴いた時のように感じるだろう。昨今になって沖縄を少し考えたからといって、ご大層に言うんじゃない、と。

4

黙って手伝う

つまるところ内地人は、沖縄人からすれば、女から見た男のようなものだろう。そこで女性解放運動のなかで、いやだった男を思い返してみると、理解のない男もさることながら、保護者面をしてアーセーコーセーと言う男が一番、我々に評判悪かった。黙って手伝う男が一番よかった。なるほど。内地人は黙って手伝うナイチャーを目指すべきである。だから諸政策に口出しはひかえるけれど、しかし、もうあんたいい加減にしてよ、と言いたい相手がいる。何県のひとかは知らないが、田中聡前沖縄防衛局長と一川保夫防衛大臣だ。

前者は、普天間移設の実行をたとえて「犯す」と言った。非公式発言だったというが、元官僚のライター佐藤優によると、それは、報道の判断によっては公表もありうることを、官僚サイドも重々承知して臨む、そんなオフレコ発言だったという。報じた本紙のみならず、その場にいたほかの新聞もそう言ったと認めているし、当人も、言っていないと言うばかりで名誉棄損を訴えようとはしないのだから、ほんとうに言ったに違いない。

後者は、多くの沖縄人が衝撃を受け、嘆き、憤った事件、1995年の米兵による少女暴行事件を「詳細には知らない」と言ってのけた。こちらは堂々と国会答弁で。

沖縄に申し訳ない、などとは思わない。国家は国家、私は私。誰に対しても、国家を背負って誇る気もなければ謝る気もない。第一、戦争も基地も、すべて男たちがやってきたことであって、ついこの間、参政権を得た女としては、せいぜいが、この60年間、沖縄にとっていい投票をしてこなかった、という引け目があるくらいのものだ。

深くて暗い川

ただただ呆《あき》れるのである。アギジャビヨーなのだ。この期に及んでわざわざ沖縄のひとたちの気持を逆撫《さかな》でにするようなことを言う、その気が知れない。ただのひとが酒席でした雑談ならともかく、公人の、それも防衛関係のトップの、しかも普天間移設問題に絡んでの発言なのだ。それが、どう好意的に見ても、田中氏はただの下品なセクハラ親父だ。どう好意的に考えても、一川氏は驚くべき無知不勉強、自らの職務に怠慢な大臣だ。あの

4

発言がさらけ出したところによると、おそらく彼らは、沖縄との間の川をなんとか渡ろうと、ぎこちなくオールを握る、そんな心の経験をしたことがないナイチャーなのだろう。

12月9日、参議院は一川防衛相（および山岡消費者相）に対する問責決議案を可決した。対して野田首相は、二人を擁護の構えとか。私は、一川保夫という政治家を、それこそ「詳細には知らない」。現在の政治情勢にもうとい。マスコミ報道が、ひんぱんに要人の更迭を引き起こすことにも、相当な危惧を抱いている。そうではあるが、このひとは辞めさせてもらいたい。沖縄人の心情について、こんなに無知無神経なひとは、近隣諸国についても無知無神経に違いない。そんなのが防衛大臣では危なっかしくてしかたない。

それにしても、田中氏は用語そのものが女性蔑視。レイプを犯罪とは認識していない気配が濃厚だ。一川氏のほうは、詳しく知ろうとしなかった事件が少女に対する暴行だ。女性への無理解と沖縄への無理解とは、どうも通じている気がする。

２０１１年12月19日（中山）

ぶらり瓢箪の生き方

毎年12月末に東京・新宿の紀伊國屋ホールで開催している「年忘れの会」が昨年で15年目を迎えた。仲間の永六輔さんがゆめ風基金の応援団長になった機会に「六輔年忘れ」と冠に彼の名を付けたのだが、実際は約40年前から、中山千夏、小室等の両氏に私が加わって４人でチャリティー・オークションを開いて、ささやかな越冬資金を山谷や釜ケ崎などのホームレスにカンパしてきた。もちろん私たちのことだから、面白半分に楽しんで続けてきたのである。

ゆめ風基金は全国の身体障害者の組織に車椅子を贈るボランティア団体で、少しでもお手伝いできればという趣旨だったが、昨年は永さんのパーキンソン病が悪化し、転んで大腿骨頸部《だいたいこっけいぶ》骨折で入院した。そんなわけでようやく開催に漕《こ》ぎつけた。チャリティー・オークションに参加してくれた方々は、小沢昭一さんをはじめ、オオタスセリ、小林啓子、松元ヒロ、遠藤泰子、ラッキィ池田、松崎菊也、すわ親治、石倉直樹、こむろゆいの各氏。まさに多士済々だった。永さんも病院から車椅子で駆けつけ（？）て我ら４人も揃《そろ》った。

5

この会の最も良いところは、楽しくチョッピリ不真面目にやることである。2日間にわたって超満員（といっても400席しかないホール）だったのも遊び中心だからだろう。したがって少しも頑張らない。つまり自然体そのものなのだ。それが長く続いてきた理由でもある。

人生書の〝偽善〟

昔は日本にも風刺とユーモアが横溢《おういつ》している時代があった。戦中から戦後にかけては、内田百閒、高田保といった達人がいて、多くの作品を残している。洒落《しゃれ》も抜群だった。『ぶらり瓢簞《ひょうたん》』という著書の冒頭で、高田保は「世の中を何のヘチマと思えども、ブラリとしては暮らされもせず」と戯句《ざれく》を詠んでいる。まったく生きるということは誰にとっても生半可なものではない。だからと言って、無闇《むやみ》に深刻ぶってもどうにもならない。どんな悲惨な目にあっても、それをハネ返すには風刺やユーモアの精神こそが大切である。

ところが昨今では、「ガンバレ日本《ニッポン》」とか、「3・11を忘れるな」とか、「復興増税やむなし」とか、声高に叫ぶ人たちがいて、息が詰まる思いがする。メディアにのべつ登場する評論家や文化人の中には、脅し文句ばかり並べて嬉《うれ》しそうにメシの種にしている輩《やから》もいる。そのほとんどは偽善者と思ってもさしつかえない。時流に乗ってテレビに出まくっている大学教授や評論家のほとんどはその類《たぐい》といっても過言ではない。顔を売って原稿料の高い宗教団体の機関誌などに登場しているから見つけやすい。

確かに生きるということは大変ではあるけれど、どこかでユトリが必要である。ただ頑張ろう！　ではたちまち挫折しかねない。その意味からも風刺とユーモアの精神は不可欠である。遊びや楽しみのために、ちょっと苦労して働いてみようか。それが、つまり「ぶらり瓢箪」の生き方なのだ。

最近、書店に行ってみると、いわゆる人生書というジャンルの書が店頭を賑《にぎ》わしている。ああせい、こうせいとお節介を焼いているのである。読む人も阿呆《あほ》だと思うが、売れていると聞いて開いた口が塞《ふさ》がらない。それだけ人生に迷いを抱いている人が多いんだと言ってしまえばそれまでだが、私のようにこれらの書を実際に著《あらわ》している人たちを知っている者からすれば、これほどの偽善も他にないという思いがする。すべて自分の利益が念頭にあってベストセラーは作られる。これほど世のため人のためとは真逆な存在もないだろう。

自分の生き方は自分で見つける。それが一番だと思うし、人生には試行錯誤が何よりも大切な要素である。号令かけられて従うのも嫌だし、他人から人生の教示を受けたいとも望むまい。それがごく普通の人々の生き方だと思う。それでこそ自分の人生であり、納得のいく一生ではないのか。

野田政権を笑え

正月早々悪いニュースが飛び込んできた。沖縄県が、年末に野田政権が提出した環境影響評価（アセスメント）の評価書を受理したという。受理日は昨年の12月28日となっているが、書類に不備があることがわかっているのに何故《なぜ》受理したのか。行政のやることは私たちにはとうてい理解できない。

仲井真知事は3月下旬にも意見書を返送するとしているが、政府にとっては一歩前進に違いない。少なくともアメリカ議会には面目が立つ形となった。私はこうしたことで済《な》し崩しにされることが何より怖いと思う。

辺野古移転は許さない。これが民意なら、政府を徹底的に敵視するしかないのだ。代表民主主義がいかにインチキかが、民主党政権でも判明したからには、沖縄県民が自らの民主主義にこだわって、野田政権のデタラメぶりを笑ってしまえばいいのである。

「おいおい、どじょうさん、ふざけるのもいい加減にしてくれよ。これ以上ウチナーンチュに迷惑かけるなよ。わっはっは」

2012年1月16日（矢崎）

地域限定の問題か

今、東で最大の問題は原子力発電だ。

昨年3月11日、私が住む伊豆半島の伊東市も揺れた。あるかなきかの微震に始まり、揺れは不気味に時間をかけて増大し、やがて机上のパソコンを思わず押さえるほどになり、それから同じだけの時間をかけて微震となって消えた。こんな異常な揺れは初めてだった。

地震は伊東名物のひとつだ。長年の間に地震計と化している私は、すぐ家人にこう告げた。「これは、どこか遠くで、ものすごく大きな地震があったよ」。その後、テレビからもインターネットからも、私の予想どころではない大災害、東北大震災のニュースが流れた。呆然《ぼうぜん》とするうちに、さらなる惨事、福島第1原発の壊滅を知ることになる。

現場も政府も東電も、あまりの大事故に慌てふためいているうえに、情報をごまかしたり隠したりするものだから、事実はなかなか掴《つか》めなかった。事故から1年たつ今もなお、情報には霧がたちこめており、私たち一般人が事態を正確に掴めているとは思えない。知るにつれ、腹立ちと後悔に襲われた。だからやめろと言ったじゃないか、ああ、もっ

6

としっかり反原発をやっておけばよかった……。

広がる汚染地点

私が原発について知ったのは、１９７０年代の中頃だった。いち早く原発の愚を唱えていた物理学者、核化学を専門とする故・高木仁三郎から原発の仕組みと問題点を学んだ。仕組みについては、理解した時、拍子抜けした。原子力というからよほど画期的な発電法なのだろうと想像していたのだが、基本は火力と変わらない。どちらも湯を沸かして蒸気を発生させ、蒸気の勢いでタービンを回転させて発電する。その湯を沸かす燃料が火力は石油、原発は原子の詰まった燃料棒なのだった。そしてその燃料棒たるや、なんともやっかいなシロモノであると知った。常に制御が必要で、ひとつ間違うと勝手に暴走する。使用中はもちろん、燃料として役に立たなくなっても、放射能を放出する。使用済み燃料は十分、人体環境に危険な物質なのだが、その安全な処理方法がまだ誰にもわかっていない。そんな技術を実用してはいかん、と私は思った。

少しは反対も唱えたのだ。80年、参院選に立候補した時のパンフレットには、「男女平等」や「死刑廃止」と並んで「反原発」の主張がある。しかし先のふたつは持続して運動を続けたが、反原発はいつしか棚上げになってしまった。財力をふんだんに使った推進勢力の圧倒的な強さと、ひとびとの無知無関心に嫌気がさしたこと、そして最大の原因は、地域性が絡んでいたことだったろう。

原発は都会から離れた地域に作られる。絶対に都庁の前や皇居の脇には作られない。もちろん危ないからだ。いきおい、候補地の経済は貧しい。そこにせっかく莫大《ばくだい》な原発マネーが落ちようとしているのを、あんたたちは邪魔するのか。そんな論理にたじたじとなる私だったのだ。

しかし、3月11日以来、そんな私はふっとんでしまった。この国土の大きな部分が、ゆるやかとはいえ原爆を上回る放射能に汚染され、たくさんのひとびとの故郷を消失させ、汚染が世界を巡る海に流れだすのを眼前にして、ことは私にとって他地域の問題ではなくなった。事実、強度の汚染地点、ホットスポットは、行政区になんの配慮もなく、雨や風に乗って各地に広がった。わが伊東市でも、代表的な産物であるお茶と干し椎茸《しいたけ》から、基準値を超す放射能が検出されて、生産者を泣かせている。今、私が吸っているこの空気も、飲んでいる水も、清浄である保証はない。つまり原発は、実のところ、伊東市民である私自身の問題だったのだ。その被害が他地域にも及ぶ以上、原発は、施設が立つ地域の独断に任せていいわけがない。ましてや、利権を握る一部地域人の勝手にさせていいわけがない。もはや放射能被害もたいしたことのない年齢になってしまっているが、これからは、我が地域のこととして脱原発を主張していこう、と決心したわけだった。

危険は遠い所に

福島原発事故は、こんなふうに地域の問題を考えるキッカケになった。そして、西の大問題、米軍基地問題も、実は同じなのではないかと思うようになった。考えれば考えるほどよく似ているのだ。基地は、都庁や皇居から徹底的に遠い沖縄に集中している。むろん、とても危険だからだ。そして、基地に反対する外地の人間は、必ず一度は聞くだろう。沖縄が基地を引き受けてくれるおかげで、あんたらは外敵から守られているのだ、とか、基地のおかげで沖縄は潤ってもいるのだから少々の被害は仕方ないのだ、とか、沖縄の基地問題を地域の問題として小さく囲い込むような説を。そして他地域の人間は、大事故が起きるまで気付かないのだ。それは、地域を超えた自分自身の問題だと。

地域限定の小事故は枚挙にいとまがない。しかし外地にまで被害がおよぶ「想定外」の基地の事故とは？　想像するのも恐ろしい。

２０１２年2月20日（中山）

国家などいらぬ！

東日本大震災から1年が経《た》った。はっきり見えてきたことは、避けられない天災ではあるにせよ、地球を破壊しているのはやはり人間だということだ。原子力発電所が福島になかったら、これほど大きな被害は発生しなかったに違いない。世界は見えない放射能にどれほど汚染されているか計り知れない。

これまでにも地球を破壊してきた元凶は、近代科学兵器をふんだんに使用するようになった戦争である。戦争は主に国家間の紛争によって齎《もたら》されるものだが、地域は拡大され自然界は蹂躙《じゅうりん》される。地球はずっと悲鳴を上げ続けている。

およそ１３７億年前にビッグバンによって大宇宙は誕生した。おびただしい星雲ガスから約46億年前に発生したのが太陽系宇宙であり、太陽と共に地球もできた。そう説明されても余りにも茫漠《ぼうばく》としていて、さっぱり現実味がない。

その結果、地球が存在することになり、２００万年から３００万年ほど前に人類が棲《せい》息《そく》するようになった。地球は約３分の２の海に、大陸、半島、島嶼《とうしょ》があって、そこに人々が住みはじめた。さまざまな民族が集落を作り、やがて国というものが顕在化する。た

7

かだか五、六千年ほど前のことだから、地球の歴史からすれば、ごく最近のことだ。しかも近代国家が成立したのは千年にも満たない。

現在、国連には193カ国が加盟しているが、非加盟国はごくわずかである。国連憲章ではごもっともなことを並べているが、これがまったく信用ならない。常任理事国として国連を仕切り、世界の警察の役目を担っているアメリカ、イギリス、フランス、ロシア、中国の5カ国は単に第2次世界大戦の戦勝国であり、挙げ句に大量の核爆弾と核兵器を所有している。間違ってどこかで暴発したら、地球は一瞬にして木っ葉微塵《みじん》である。過去の四十数億年も、予測される未来の五十数億年も、たちどころに無となる。

しかも、まだ懸念材料にはこと欠かない。国境紛争の絶えなかったインドとパキスタンがほぼ同時に核保有国になり、今またイランと北朝鮮が虎視眈々《たんたん》と核を所持しようとしている。まったくやり切れないバカ国家群としか言いようもない。「核の抑止力」などと阿呆《あほう》なこと言ってる場合だろうか。

覇権と排斥

実際に世界中のどこを見ても、国家は血迷っているとしか思えない。原子力の平和利用が虚妄だったことが、スリーマイル島、チェルノブイリ、そして今回の福島で明らかになった。安全神話が崩壊した以上は、全世界から原発は当然として、核そのものを廃絶するしかないのである。それを実現したとしても、私たちの地球は、とうに寿命を縮めている。

つまり諸悪の根源は国家だということは、今やはっきりしている。いろいろな角度から検証してみれば如実にわかる。世界のどの国も覇権を求め、自国の優位性を確保するために、あらゆる手段で他国を排斥しようと企《たくら》んでいるのだ。国連はもとより、国際社会における国家間の駆け引きは全て陰謀そのものである。その結果として、あってはならない第3次世界大戦へと刻一刻と近づいている。広島・長崎に今こそ学ぶ時だ。

7 沖縄の敵

ロシアでプーチン氏が勝利した。エリツィン大統領から政権を引き継ぎ2期8年後に、メドベージェフ大統領が4年、その間プーチン氏は首相を務める。大統領の任期を6年とする憲法改正を行い、今回は2期12年大統領の座にとどまる予定らしい。つまりこれで20年間の独裁ということになる。KGB（ソ連秘密警察）出身のプーチン氏の野望は、強いロシアを自らの手で実現することだ。

同じ共産主義国家の中国は、胡錦濤主席から習近平主席へと権力の委譲が間もなく行われようとしている。一党独裁国家だから人民の人権などは二の次で、一向に民主化されないままである。国家主席は、中央軍事委員会主席を兼ねることで最高権力者の地位をゆるぎないものにしている。これまた独裁に等しい。このところ毎年10％以上の軍事費の増強を続けていて、今年度は11・8％の上乗せをしている。まさに軍事大国化を目指しているのだ。

北朝鮮はロシアと中国の後ろ盾によって、金日成、金正日、そして金正恩と3代の世襲を果たし、韓国と対峙《たいじ》している。

こうした構図は、アメリカを強く牽制《けんせい》し、かつ刺激するものであり、日本、オーストラリア、韓国の3国と協調して、太平洋安全保障同盟への強化を企てる原因ともなっている。経済的な対立も、TPP（環太平洋連携協定）などの推進をもくろんでいるから、軸はますます強固なものになりつつある。

したがって日米安保条約の有無にかかわらず、沖縄の米軍基地は絶対に縮小されることはない。同時にあらゆる国家は、沖縄の敵でしかない。そう肝に銘じて、地球を滅ぼさないためにも、反国家へのアピールを私たちは続けるしかないのである。

国家などいらぬ！

2012年3月19日（矢崎）

競輪と女

「話の特集句会」という俳句の会がある。名前のとおり、雑誌『話の特集』の執筆者がメンバーで、矢崎泰久・元編集長を中心に毎月1回集まっている。30年以上前に始まった。雑誌廃刊のあとも句会は残り、まだ続いている。私も70年代に参加した。俳句は苦手だが、作句より談笑目当ての会なので、続いた。入った時、最年少だった。今も最年少である。一種の過疎村だ。俳優の「トラさん」渥美清、岸田今日子、音楽家の山本直純、岩城宏之、作家の色川武大、イラストレーターの山下勇三など、句会で追悼句を贈ることになったメンバーも少なくない。

ガールズケイリン

下重暁子さんとは、この句会で親しくなった。ご記憶だろうか、かつて「美人アナ」で鳴らし、たしかNHKから独立した女性アナウンサー第1号になった人だ。テレビを退いてのちは、エッセイストとして活躍している。今は日本ペンクラブの副会長など務

8

8

めている。

「下重さんはきっと可愛《かわい》らしいお婆《ばあ》ちゃんになるね」と矢崎さんに言われて腐っていたのは、10年以上前だったが、予言は的中した。小さな可愛らしい熟年女性になって、最近は「後期高齢者」という役所の区分けに怒っている。気取りはないが、態度物腰すべてがおっとりしていて、ことに運動能力の無さは友人に知れ渡っている。自転車にも乗れない。その下重さんが、競輪を統括するＪＫＡ（旧日本自転車振興会）の会長に就任したのには驚いた。５、６年前のことだ。会った時、なんで、と尋ねた。

「私、けっこう博打《ばくち》好きなのよ。博才もあるの、うん」

そういえば、よくオペラ観賞するが、競馬にもよく行く。競輪はしないけれども、競馬を通して競輪界に人脈ができ、そこから会長への誘いがあったらしい。当時、ＪＫＡは、統括官庁を持つ団体の例に漏れず、天下り官僚をトップに頂くのが慣行になっていた。下重さんに白羽の矢を立てた人たちは、それを打破したがっていた。その役に立てるなら、と引き受けた。

「それとね、競輪を女に開放したいのよ」

昨今、競馬業界の努力が実って、競馬場はずいぶん女の寄り付きやすい遊び場になった。女性ファンが増え、女性騎手も登場した。だが競輪は、あいかわらず女は腰が引ける雰囲気のまま。女性選手もいない。企業としても今時、女を無視していては先細りするばかりだ。いわば競輪を女性化したい、そんな気もあって、ＪＫＡは会長に女性を求めたらしい。

「競輪を女性も参加できるようにする、それなら会長になるのも意味があるな、と思ったの。それで引き受けたのよ」

新米会長はそう語った。その後、どう仕事したか、詳細は知らない。女性好みのオシャレな機関誌を発行するなど、パブリシティーに力を入れているのは傍観した。会った機会に調子を尋ねると、必ず女性選手の話が出た。

「どうしても女子選手を養成したいの」「競輪学校で今度、女を受け入れたのよ」「女の子たち、みんなよくやってるよ」

そして、今年、３月24日、朝日新聞夕刊スポーツ欄で私は、33人の女性が競輪学校を卒業し、プロへの道を歩み始めた、という記事を読んだ。直前に下重さんは会長を辞任していたが、就任時の抱負が実現したのだ。女性選手たちの実力にはＪＫＡの男子職員たちも感嘆している。いつの日か男女混合戦も夢ではなくなるかもしれない、と言う。ただ、何千人もいる男子選手と違って、成績を争う相手は当分の間、すべて同級生、顔見知りになる。そこが辛《つら》いらしい。私は世の中の偏見も心配だ。ガールズケイリンと銘打って始まる女子競輪、発展するといいのだが。

8

広がる職業領域

私、競争は嫌い、スポーツは好まない。各種ゲームは大好きだけれども、下重さんと違って、博打にとんと興味がない。というか、負けて金銭を失うとがっかりする。儲《もう》かれば嬉《うれ》しいが、見ているとがっかりする方がだんぜん多いから、競馬競輪ロトの類《たぐい》に惹《ひ》かれない。でも、なんであれプロへの女性の進出には胸が躍る。

それは女性のプロ領域、つまりは職業領域がそれだけ広がることだからだ。それだけ女の経済的自立への道筋が多様になるからだ。かつては女のプロといえば、ほとんど水商売だけだった。それよりも、電話交換手もあれば教師もある世の中、さらには会社員や経営者やプロゴルファーや競輪競馬選手もある世の中のほうが、女にとっていいに決まっている。より自分に合った方法で経済的自立を果たせるし、人生も多様になる。

そのためには、いろいろな場所で意識的にちょっとした工夫と努力がおこなわれればいい。下重さんたちがそうしたように。そんな工夫と努力が積もって、以前よりはるかに女の職域は広がっている。天下国家の大事ももちろんおろそかにはできないけれど、少なくとも女としては、こうした工夫や努力も同じくらい重要だと思っている。

2012年4月16日（中山）

今こそ反戦平和を！

5月3日付琉球新報22面に、全ページの意見広告が掲載された。ここ10年、私たちの仲間は、憲法記念日に「憲法9条・25条を活かそう」という市民の意見広告運動を続けてきた。今年は「すべての原発を廃炉にしよう」という言葉も加えた。

この運動の発端は、1965年にアメリカの『ニューヨークタイムズ』にべ平連の有志が出した「ベトナム戦争反対！」の意見広告だった。日本の新聞は1985年まで意見広告を受け付けなかったが、現在は解禁されている。今年は朝日新聞、東京新聞、それに琉球新報の3紙に依頼した。今回の参加者は5286名で、日本全国に及んでいる。市民の意見30の会・東京（吉川勇一事務局長）に申し込めば、誰でも参加できる。

第9条こそが「平和憲法」と呼称される所以《ゆえん》でもあるが、戦争放棄の内訳には「陸・海・空のいかなる軍備を持たない」と明記されていることは厳然たる事実である。にも関わらず防衛を理由に自衛隊という軍隊が日本に存在している。私はこの欺瞞《ぎまん》に我慢がならない。

9

山口瞳の平和主義

田原総一朗が司会する「朝まで生テレビ」に出演した時に、「自衛隊は憲法違反だ」と発言したところ、田原さんから「自衛隊はいらないという人は、今日のゲストの中で矢崎さんだけだ」と指弾された。十四、五人いたゲストの中から、精神科医の香山リカさんが「私も矢崎さんと同じ意見です」と手を挙げてくれた。他の人たちは一瞬沈黙した後に「侵略されたら誰が守る」という反論をした。

「守るほどの国だろうか」と私が叫ぶと、突然、CMになった。

『江分利満氏の華麗な生活』で直木賞を受けた山口瞳氏は根っからの平和主義者だった。

「人を傷つけたり殺したりすることが厭《いや》で、そのために亡《ほろ》びてしまった国家があったということで充分ではないか」

「もし、こういう（非武装の）国を攻め滅ぼそうとする国が存在するならば、そういう世界は生きるに価《あたい》しないと考える」

この山口さんの答えは、私が日頃より共有しているものである。軍備を持たないと宣言した以上は、断固として持ってはならないと思う。いかなる理由があろうともだ。

5月3日の憲法記念日には、日本国民総《すべ》てが第9条を声を上げて読むべきではないか。

「盾」の押し付け

アメリカは本土から離れた世界各国に軍事基地を持ち、国防戦略としてきた。沖縄はアジアにおける米軍の要塞《ようさい》なのだ。それを日本政府は日米安保の下で堅持してきた。日本はアメリカの盾にすぎない。しかも、その役目を沖縄に平然と押し付けてきた。密約によって「核」すら現実に配備されていると私は思っている。

現在、新型輸送機MV22オスプレイを7月中旬に那覇市内の米軍施設に搬入し、普天間基地に12機実戦配備すると政府間で合意している。最近も訓練中に事故を起こしたばかりのオスプレイを、最終的に24機に増やす計画だという。

こうした急な動きは、対中国、対ロシアにアメリカが戦略上の展開を図ったものであることは言うまでもない。沖縄全土が中国ミサイルの射程内ということで、大移動を開始したに違いないのだ。

キャンプ・デービッドで開かれたG8サミットにプーチン大統領は欠席を表明した。中国とともにアメリカを取り囲むさまざまな包囲網を北朝鮮、イラン、シリアなどを使って組み立てていることは、不穏そのものの世界情勢の中で充分読み取れる。

おそらく、最初につぶされるのは日本だろう。軍事基地の最も多い沖縄は一番危険度

9

が高い。いろいろなことが連動して起きている現実を考えると、世界で同時に戦争が勃発する可能性は極めて高い。

もう間に合わないという理屈もあるだろうが、手を拱《こまね》いているよりは、ノーという叫びを世界に発し、日本国憲法を今こそ活かすしかないと思う。

反戦は無論のこととして、戦争には関わらないとした決心を忘れないことが何よりも大切である。戦争に負けたことが教訓として残っていることをあらためて思い出すしかないのである。

2012年問題の火の手は世界のあちこちで既に上がっている。ユーロ離脱の道を選ぶしかなくなりつつあるギリシャ。フランス大統領選でサルコジ氏が敗北し、EU諸国全体が揺れ動いている。こうした状況の中で、戦争への道が形成される確率は高い。

今こそ、私たちは武器を手にしてはならない。野田政権の失敗ができるだけ小さいことを祈ったとしても、私たちを脅かす問題は山積している。一人一人が権力や権威に騙《だま》されないよう、最大限の注意を払うしかあるまい。反戦平和を断固主張するのみだ。

2012年5月21日（矢崎）

原発の男社会体質

こちらの私にとって、目下の大問題は原発だ。いや、放射能の半減期を考えると、目下ではすまない。死ぬまで続く大問題と言うのが正しい。太平洋に向かって突き出るわが伊豆半島でも、風雨が運んだ局部的な汚染が深刻であるうえに、同じ静岡県の浜岡原発ときたら、大地震の可能性がとても高い場所にある。世論調査では、県民の80％は、浜岡再稼働なんてとんでもないと思っている。政府や東電は、フクシマ事故などなかったこと、深刻な汚染などないことにしようとしている。追随するマスコミでも、なかったコトないコトになりつつあるが、一般市民は違うのだ。明らかに市民は権力の対岸に立っている。

原発ほど、市民に対する権力の敵性をはっきりと表現している事業も珍しい。今言う権力とは国家、官僚、大企業や財界、マスコミや学界の組織であり、それら組織の中枢にある人々だ。対して市民は、それら権力から遠い場で生きている特権のない個々の人々だ。アイヌ民族、沖縄県人、在日朝鮮人などは、権力の敵性を見極めやすい立場にある。でも日本人の大半は、このところそれが見えにくくなっていた。フクシマの爆発が、一挙にそれを暴き出した。

10

10

肥大する権力

原発を開始し、フクシマ事故まで強力に推進してきたのは、明らかに権力だ。金儲《もう》け、軍事目的、研究欲、名誉欲、もしかすると愛国心、世のため人のため、動機はいろいろだろうが、とにかくはっきりと権力者たちが推進した。市民にはまったく関心も意欲もなかった。私が原発に気づいたのは1970年代中頃だったが、以来、熱烈に原発を望みそのために活動する市民など、見たことがない。

ただ生活に忙しくて放っておいた。あるいは権力に騙されて容認した。そして収奪された。送電停止で脅されながら、市民は電力会社を選ぶことも、料金査定にかかわることもできず、唯々諾々と請求に従う。電力会社の利益の大半は、一般家庭からの収益だ。事故の始末でも収奪される。うちにも東電から、有無を言わさぬ料金値上げの通知がきた（悔しいかな、伊東は東電なのだ）。

そしてこの事態、このご時世に、東電社員の給料は上がるという。まさかと驚く。東電幹部そのほか原発推進権力者が、ホームレスになったとは、とんと聞かない。はっきりくっきり権力が市民を騙しすかし脅し殺し、故郷を金を収奪し、微塵《みじん》の反省もなく肥《ふと》っている。

あまりに構図が明確で、B級時代劇を見るようだ。実のところ原発という事業は、えらく古臭い体質であるに違いない。最近見た小さな記事にも、そう思った。独立法人日本原子力研究開発機構（本部・茨城県東海村）のホームページに「批判相次ぎ削除」という記事だ（6月5日朝日新聞）。〔削除されたのは、原子力に関する用語を言い換える例として「奥さんの怒鳴り声が『放射線』」「奥さんの興奮状態が『放射能』」「奥さんそのものが『放射性物質』」とした記述〕。

この喩《たと》えになんの疑問も感じず、ましてネットに掲げるのは、国連の男女平等条約（1985年）以前の感覚、セクシュアルハラスメントという言葉も概念もなかった70年代初頭以前の感覚だ。70年代初頭にどっと増殖した原発事業は、その時代の体質のまま、つまり、強烈な男社会体質のまま、現存しているということだろう。

見栄と蔑視

女性蔑視と軌を一にすることだが、この表現の最大の問題は、見かけだけ易しくて、その実、放射能・線・物質の関係の解説としては最悪に難解であることだ。この表現を見ると、原発権力がいかに市民を「オンナコドモ」扱いしているか、よくわかる。適当になだめるだけ。本気で理解させる気はまるでない。そもそも原子力をそう詳細に理解する必要は市民にはない。

10

10

原発が扱う人工の放射性物質は、人体細胞を破壊する能力のある放射線を長年にわたって発し続ける、その暴発や汚染を封じ込む技術を人類はまだ持っていない、そう理解するだけで十二分だ。

ほかにも「社会調査によると、女性は男性に比べ、原子力の技術的な情報に対する理解度や満足度が低いことがわかっています」という表現を、「断定するのは不適切だった」として削除したという。今、各地で原発の再稼働反対に奔走している市民は、圧倒的に女が多い。それは「原子力技術についての理解が、女は低いからだ」と権力は言いたいのだろう。ある意味そうかもしれない。社会人として理解と協調を要求され、経済や科学技術の知識をオトナの条件と心得る男たちは、まず権力の言葉をよく聞き、経済や科学技術を念頭にコトを理解しようとする。理解できなくてもしたふりをする見栄《みえ》がある。そうして、権力にとっての優等生に成り果てる。

いっぽう、社会人から排除されてきた女は、権力から理解を迫られることさえなく、理解したふりをする見栄も必要なかった。だから自分なりの理解で通す癖がある。放射能が命と健康、とりわけ子どものそれを損なうことは、元素記号を知らなくても理解できる。そこで女たちは原発反対に立ち上がる。その時、経済問題や科学技術への配慮が念頭にないのは、いたって健全な精神だと私は思うのだが。

2012年6月18日（中山）

許されざるもの

11

次から次へと怒りが込み上げてくる。そんな日常を送っていると、脳味噌が溶けて流れ出るのではないかと不安になる。

民主党という名前の政党がある。素直に解釈すれば、国民が主役の党という意味であろう。だとすれば、国民の65％が反対している消費税を上げ、75％が拒否している原発の再稼働を決定し、沖縄県民のほとんどがノーと言っている垂直離着陸輸送機MV22オスプレイを普天間基地に受け入れようとしているのは何故《なぜ》か。断固許すわけにはいかない。党名をまず返上してから政治をやってもらいたい。

偽りの野田佳彦内閣を見ていると、勝手なことをやる前に、どうして解散総選挙をして民意を問わないのか不思議になってくる。自民党との政権交代を果たした時の民主党は、国民生活第一を掲げて、脱官僚・天下り禁止、コンクリートから人へ、年金制度改革、埋蔵金撤廃、子ども手当の支給、消費増税はしない、国会議員の定数削減、一票の格差是正などをマニフェストに盛り込んでスタートした。意気込みはあったにせよ、どれひとつとして守られていない。公約違反も甚だしい。

政権を獲得する前につぶされた小沢一郎は仕方ないにしても、普天間を国外または県外に移すと宣言した鳩山由紀夫首相は失脚、次の菅直人首相は東日本大震災の後処理の不手際から退陣、ついに野田佳彦とんでも首相が登場することになった。かくして民主党政権は見るも無惨な壊滅の危機に今や瀕している。

消費税問題では、小沢一郎の造反が予想されるや、悪質な週刊誌メディアにスキャンダルを流したり、官邸筋の不当な介入は目を覆うばかりである。とにかく卑劣そのものだ。 11

脱原発の「声」

6月29日、私は首相官邸を取り巻くデモの中にいた。個人ばかりで、大飯原発再稼働の直前に抗議のデモを行ったのである。参加者15万人とも20万人とも言われるこの市民デモは、官邸を警備する機動隊に阻止されながら、午後6時から8時まで永田町一帯を整然と埋め尽くした。

これに対して警察の発表は1万7000人だった。ヘリコプターによって撮影された映像を見た人は、いかにデタラメな数字か分かっただろう。もっと驚いたのは読売、産経、日経などの新聞はベタ記事扱いで、ニュースとしてまともに報じなかったことである。大きく取り上げたのは東京新聞のみ。海外メディアは大々的に報じたが……。

野田首相は側近に「大きな音だね」ともらしたという。尋常な神経であれば「声」というべきではないか。国民の声など耳に入らない人らしい表現である。もしかすると機動隊が指示を出すスピーカーの音を聞いたのだろうか。

デモの参加者は老若男女、子どももいたし、外国人や車いすの障がい者、原発事故の被災地からの参加者も多数いたのである。しかも、そのデモは約1カ月前から今日まで毎週続いている。

いや、東京だけではない。日本全国各地でいろいろな抗議デモが繰り広げられている。大小さまざまではあるけれど、脱原発、反原発、再稼働拒否へのうねりは数え切れないほどなのだ。

それなのに平然としている政府民主党には呆《あき》れるしかない。離党者がどんどん増えたとしてもおかしくはないのである。一刻も早く1票の格差をなくして、総選挙を実施してほしい。それこそが松下未熟塾内閣がやるべき最低の誠意であろう。自民党、公明党のような亜流も同じ穴の狢《ムジナ》に違いない。

マスコミ報道

次なるは日本の大新聞、テレビなどの〝マスゴミ〟である。肝心なことは書かない。

それどころか、政官財に肩入れした記事を平気で掲載する。いい加減な世論調査をのべつやって国民を惑わせる。最近で最もびっくりしたのは「民主党、自民党、小沢新党の支持率いずれも15％で低調」という記事である。一体何が言いたいのだ。

私が絶賛したのは琉球新報6月18日号である。「オスプレイ配備拒否　5200人決意固く」と2面ぶち抜きの記事に感動した。真ん中の見開きもいい。新聞はこうでなくてはと思う。県民の声が爆発しているようであった。

私はオスプレイなど論外だと思う。アメリカも日本政府もふざけている。嫌なものは嫌だ、ダメなものはダメだ。安保条約とか集団的自衛権とか、そんなことは無関係だ。危険に曝《さら》されるのはもうまっぴら御免である。そう全員が叫んでいるのである。

これまでの自民党政権も酷かったが、野田佳彦になって民主党政権もいよいよ窮《きわ》まった感が深い。外交も何もない。国民を平然と見殺しにしている。

冒頭に書いたように、次から次へと怒りが込み上げてくる。国民が納得できる政治が行われないのなら、税金などびた一文払う気持ちはない。リスク覚悟で日本人をやる気は私には毛頭ありません。

２０１２年7月16日（矢崎）

〈古事記〉の描く国とは

12

ふと〈古事記〉を読み始めた。1988年ころだったか。ほんとうに「ふと」であって、確たる目的も意気込みもなかった。いざ、書店で〈古事記〉を買い込んだ時には、一応、理屈らしきものを持ってはいた。

「イギリス人は庶民までシェイクスピアを知っているという。それから思うに、仮にも物書きたる私が、日本語で書かれた最古の文書を、見たこともない、というのはおかしい。〈古事記〉にこう書かれている、という学者先生の話を鵜呑《うの》みにしているだけでは、帝国主義時代の母たち同様、歪《ゆが》んだ歴史認識を持ってしまいかねない」

できるだけ原典に近いものを、と選んだのが、岩波書店の『古事記　祝詞《のりと》』（倉野憲司・武田祐吉校注）だった。当時の私が、どのくらいこの方面に暗かったかというと、背表紙の文字を見て、これが〈古事記〉の正式名なのか、と思ったくらいだ。実は、古代の祝詞いくつかと〈古事記〉とを1冊にまとめたものだったのだ。古文漢文の素養もまるでない。当然、入門には難儀した。しかし、ヒマジンの一念、岩をも通す。努力して少しわかると面白い。そこでまたがんばる。するとなお面白くなる。その調子で2年ほどしたら、漢字ばかりの文面が我が掌《たなごころ》同然に明るくなった。勢い余って、解説付き全現代語訳までものしてしまうほどの熱中ぶりだった。その後も、関連書を3冊出している。

12

奈良大和国の史書

読んでよかった。なにしろいくつも本を書いたくらいだから、面白い点は多々あったけれど、なによりも、古事記の実体がわかってよかった。当時、〈古事記〉を読んでいると言ったら、こう問うた若いジャーナリストがあった。「あの、そういうもの読んで、右翼になりませんか」。右翼が皇国史観の持ち主を指すのだとしたら、話は逆だ。〈古事記〉の実体を知って、私はますますそういう考えから遠ざかった。

むろん8世紀初頭、古代天皇家の宣伝パンフレットだから、誇大広告の傾きは拭えない。しかしその作成者は、現代の広告マンなどより、はるかに正直だと思う。と言うより、戦前、皇国史観を喧伝《けんでん》した学者たちより、はるかに誠実に事実を伝えている。

母たちは〈古事記〉を日本の歴史と教えこまれた。ところが、〈古事記〉にはそんなことを示す記述はひとつもない。神話部分はおおむね筑紫（九州北部）と出雲（島根、鳥取）が舞台だ。歴代天皇の物語になると、一転してほぼ大和（奈良）だけが舞台になる。そして、「九州の都にいた青年が、長い年月をかけて東に攻め上り、ついに奈良の一地を侵略し都を拓《ひら》いた、それが歴代天皇の初代である」とはっきり示してある。

つまり〈古事記〉は、誇大宣伝を施しながらも、これが奈良大和国の歴史物語であることを少しも隠していない。そこに富士山はでてこないし、北海道、沖縄はもちろんのこと、東北地方の話もない。列島内には南方のクマソや北方のエミシなど、手強《てごわ》い「他国勢力」がいて、大和は戦々恐々としている。これが奈良大和国に限った史書であることと、他国には他国の神話や歴史記録があることは、当時、暗黙の了解だったに違いない。〈日本書紀〉を見ると、その編纂《へんさん》時に、少なくとも10を超す諸国の神話や歴史記録があったとわかる。〈古事記〉もそのひとつだったのだ。

現代人の多様なルーツ

だから〈古事記〉を「日本の神話・日本の歴史」などと呼ぶのは間違いである。沖縄、北海道、東北地方がなくて、なにが日本か。アイヌの神話なくして、なにが日本の神話か。現代日本であるならば、〈古事記〉は「日本の神話のひとつ・日本の歴史のひとつ」と呼ぶのが正しい。

さらに言えば、ヤマトとは日本でも日本人でもない。古事記が描く一国、奈良大和に発する特定の皇国とその構成者、もしくは彼らをルーツとするひとびと、とするのが順当だ。そうすると、私は日本人ではあるが、明らかにヤマト人ではない。ルーツでいえば肥後人か越前人、住所でいえば伊豆半島人といったところ。したがってヤマトンチューと呼ばれることには違和感がある。

〈古事記〉を読んでこう見極めてからというもの、オリンピック中継などに「大和魂」や「大和なでしこ」が飛び交うと、ひときわうんざりするようになった。しつこく言うが、日本人イコール大和人ではない。つい先ごろまで大和は他国と認識していた東北や九州のひとたち、さらには沖縄やアイヌのひとたち、もっと言えば中国、朝鮮その他を故国とするひとたちでなっている、それが現代日本人なのだ。それをヤマトと呼ぶのは大きな間違いである。それだけではない。ヤマトの連呼は、日本が多くの国々をルーツとしている事実を隠し、あたかも〈古事記〉の皇国のみがルーツであるかのような錯覚を拡大させる。その錯覚が悲惨な日本近代史を作った。繰り返したくないではないか。

２０１２年８月27日（中山）

奇々怪々　謎の維新ブーム

大新聞、テレビに代表されるマスコミが堕落の一途をたどっていることは、これまで再三指摘してきた。ことに政治に関する報道は目を覆うばかりである。政局がらみのスキャンダル報道はまるで週刊誌のお株を奪ったかのような低次元のものになっている。

民主党の代表選挙、自民党の総裁選挙といった、まったく国民不在のコップの中の嵐を大々的に報じ、しかも政策といった本質的な問題に一切触れずに予想記事ばかり垂れ流している。もちろん原因は政治の側にもあるわけだが、大多数の国民が反対している消費税増税、原発再稼働、オスプレイ配備などの重要問題について、今やマスコミの大部分は権力側と手を結んでいるようにしか思えない。

その陥穽《かんせい》を狙うかのように維新ブームが起きた。橋下徹大阪市長が立ち上げた「大阪維新の会」の片棒を担いだのもマスコミだが、日本中に雨後の竹の子のごとくに維新を名乗る政治結社が誕生した。多くのメディアは政界の第三極だと騒ぎ立てているが、これほど怪しいものもほかにない。危険な感じがしてならない。

13

「維新」に酔う人々

維新とは明治維新になぞらえた命名だろうか。歴史哲学者の羽仁五郎の言葉を借りるまでもなく、明治維新こそが日本の近代化を遅らせ誤らせた原因であることは明らかだ。ただの王政復古を変革だと信じたことに、日本の悲劇は起きた。

その維新なる文言を取り違えて使っている政治集団こそがいわば噴飯ものであって、それに惑わされる者は稚拙としか言いようもない。司馬遼太郎の小説に酔ったのか、船中八策まで真似《まね》たりする滑稽さに気付くこともないのだから困ったものである。

今やマスコミ界での露出度ナンバーワンの橋下徹の言動を見ていれば、ワンフレーズ・ポリティシャンの典型だと分かる。細かい説明をすれば矛盾だらけなのだが、一言《ひとこと》でズバッと言う。郵政民営化で日本をアメリカに売った小泉純一郎元総理と非常に似ている。号令をかけ扇動するのが実に巧《うま》い。ナチス・ドイツのヒトラー・ユーゲントも同じだった。

民主党もダメ、自民党もダメ。確かにダメには違いないが、だからといって「維新」のまやかしに乗る愚は避けた方がよいように思う。3年前に自民党がダメだからと民主党に投票した人たちは、今や愕然《がくぜん》としているが、その背景に小沢一郎、鳩山由紀夫をつぶしたアメリカ的権力が存在していたことを忘れてはならない。万一、橋下維新政権で

13

もできたら、アメリカはその全部を飲み込んで、日本を第3次世界大戦への最前線基地にしてしまうだろう。

危険な領土問題

私は冗談を言っているのではない。現在の領土問題にしても、第3次世界大戦への火種のひとつである。とことん突っ張っていけば武力衝突しかない。集団的自衛権を主張する声もあるが、日本は憲法ではっきり戦争を放棄し、かつ陸・海・空など戦力を保有しないとしている。それを守るためにも国際間のトラブルに巻き込まれてはならない。

正確に言えば、尖閣諸島は琉球王朝の領土だった。日本が沖縄を領有することによって沖縄県の島になったわけだが、中国は釣魚島という名で領有権を主張している。言い分はそれぞれに違ってはいるが、東京都が買収するのは奇妙な話だ。むき出しのエゴによって解決するような問題ではないのである。

韓国との間には、もっと以前からこじれている竹島（独島）の領有権がある。この島は韓国が既に実効支配していて、軍を常駐させている。互いに譲らないまま現在に至ってはいるが、第2次世界大戦で敗北した日本は領土について強硬に主張する立場にない。

北方四島の返還はロシアとの話し合い次第だが、なかなか実現されそうにない。いくら日本が古い時代の領有権を主張しても、相手は戦勝国なのだから、思い通りになどなるわけがない。

それでも威勢のいい連中がいて問題をどんどんこじらせている。

沖縄は正式に返還されたが、いまだにアメリカの占領下にあると断言できる。16年も前に決まった普天間基地すら返ってこない。それどころかオスプレイを配備すると言われて、日本政府は異議申し立てすらしない。防衛大臣が試乗したところで沖縄県民にとっては何の意味もないのだ。バカにつける薬はない。

日本は本当に危ない。「日本維新の会」のようなペテンがまかり通っている。だまされやすいのは国民性かもしれないが、ひどい目に遭わされるのは私たちだ。一人一人が自らを守るには嫌なものは嫌という姿勢を断固として身につけるしかあるまい。古い体質の自民党とは絶対に組まない小沢一郎率いる「国民の生活が第一」ならまだわかる。

だが、権力の座に就くために権謀術数をめぐらせる輩にだまされてはならない。

２０１２年9月17日（矢崎）

13

国家権力の正体

沖縄世界と本土世界との大きな違いのひとつは、国家権力というものの正体が、よく見えるか、見えないか、にあると思う。

沖縄は、米軍基地設置という紛《まぎ》れもない国策を、全土規模で、半世紀以上押し付けられてきた。用地の理不尽な接収、兵器の事故や荒《すさ》んだ兵士による犯罪、軍事基地に従属させられることによる社会の歪み、一切、見て見ぬふりの政府、それらを日々、体験し見聞きしてきた。そうであれば、いやでもひとびとは知るだろう。米軍基地の根拠である条約の名、安全保障は、そこに暮らす人民の安全を保障するものでは全くない、民主主義をうたってはいても、国家権力とは、今も変わらず、人民を抑圧し搾取する装置なのだ、と。

街に埋没する権力

本土世界では、そこがよく見えなかった。無論、太平洋戦争によって多くの日本人は

14

国家の正体を見た。けれども、いつしかそれは、大日本帝国がいけなかったのであって、新しい憲法による日本国は違うのだ、という希望的観測に変じていった。それはひとえに、本土では、国策が、ひとびとの目に見えるかたちをなかなかとらないからだろう。特に大都市ではそうだ。大都市には国の存在を痛烈に意識させるものがない。

10歳まで大阪市外れの下町で、以後は東京の都心で暮らした私などは、国家を、まるで意識せずに成人した。都心には国会、皇居があり、六本木や赤坂には自衛隊、青山にはフェンスに囲まれた星条旗新聞社を含む米軍の一角があって、毎日のように見ていたけれど、皇居は森に、ほかは巨大な街そのものに埋没していて、よく見えない。そんな場所が全国ニュース発信の中心なのだ。

その間、本土でもあちこちで国家権力が正体を表しひとびとに辛酸をなめさせていたのだが、私にまで届くことはまずなかった。たまに届いたとしても、古人いわく「他人の痛みは百年でも我慢できる」、お気の毒にで終わってしまう。私の場合、1970年代、成田闘争にコミットし現地で農民の話と活動に触れたのが、国家権力の正体を見、自分のこととして国家なるものを考えた最初だったろう。

逆に世の中は、そのころから、ますます国家の正体を忘れていった。近年では、国家権力、人民、搾取といった言葉からして嘲笑とともに葬り去られつつあった。私にしても、ほかに言いようがない場合にだけ、亡骸《なきがら》を扱うようにそっと使っていたものだ。

14

変化した空気

それが、2011年3月11日を境に急激に転換した。国策としての原発のありようを、原発事故が露わにしたことについては、このコラムに書いた（本書31ページ）が、まとめて念押しするならば、それは、国家の正体がはっきり見えたということであり、またそれは、人民を抑圧し搾取する権力、と言う以上に適切な言葉のない姿だったのだ。

どうやらこれは私ひとりの実感ではなかったらしい。ある座談会でこんな言葉を聞いた。「『3・11』で、ものすごく強大な敵が初めて見えた。原発事故によって、私は生まれて初めて巨大な敵があまりにもはっきりと見えたんです。それはたぶん同世代の人の共通認識だと思う。（中略）だから、空気が変わってきているのを本当に感じる。」（週刊金曜日編『70年代　若者が「若者」だった時代』所収）

発言者は、若者の貧困と取り組む運動家、ライターとして著名な雨宮処凛。1975年生まれの彼女と「同世代の人の共通認識」として、今「生まれて初めて巨大な敵があまりにもはっきりと見えた」感が、「たぶん」ある。「巨大な敵」とは国家権力にほかならない。だから「空気が変わってきている」と、雨宮は感じる。私もそう感じる。変化した空気に乗って、ひとびとは首相官邸前を埋め尽くした。

14

そして？　政権を変えても、事態はよくなるまい。民主だろうが共産だろうが王政だろうが、国家が国家である限り、人民を抑圧し搾取するという国家の正体は変わらない。その権力を握り、懐を肥やし威を張りたい者が陸続と生まれてくる限り、人民の災難は絶えないだろう。そしてまた国家とは、公教育を通して、そうした人材を量産する組織でもあるのだ。さて、どうする？

村とは言わない、市町ていどの大きさで、住民参加型の行政組織を最高単位とするのがいい、とは思う。そうしたからといって、人民が困ることはなにもないという確信もある。しかし、どうしたらこのモンスターをそうしたおとなしい仕組みに改変できるのか、その方法が分からない。国家の存在は常識中の常識で、おまけになんでも巨大化、グローバル化に価値がある今、国家解体みたいなことを言ったらボケたと思われるだけだ、ということは分かっているが。

それでも国家は肯定しない。右でも左でもなく、アウトサイドに立ち、国家権力を指弾し続ける。とは言っても、筋金がまったく入っていないから、東電の値上げには渋々従う、消費税も決まればきっと払う、実に情けないアウトサイダーなんだけど。

２０１２年10月22日（中山）

ウナイノチカラ

今、日本中を流れているのは実に不快な空気である。出口なしというか、どこにも希望のない鬱陶《うっとう》しい気配を感じる。絶えず繰り返される屈辱にどう耐えたらいいのか。

追い詰められた野田佳彦首相が14日の党首討論の席上で、唐突に「解散」を宣言した。まさに「やけっぱち」とも言える大バクチに出た。実に迷惑な決断だが、16日に衆議院は解散され、東京都知事の補欠選挙と同日の12月16日投開票が決定した。拙速そのものだ。違憲判決が最高裁から出ているのに、定数是正をしないで選挙がやれるわけもない。法案が通ったとしても、周知期間は3、4カ月必要なわけだから、1人区の0増5減も比例区40削減も念仏にしか聞こえない。もし選挙無効の訴えが出されたならば、どうするつもりなのか。

諦めない姿勢

民自公の談合で決めた消費増税だけが一人歩きし、片や原発は再稼働され、オスプレ

15

15

イは堂々《へいぜん》と飛んでいる。公債発行特例法案も裏取引で成立させてしまったのだから、我慢の限界はとうに超えている。

そんな折に、財務省は国（政府）の借金が９月末時点で９８３兆２９５０億円に達し、過去最高に膨らんだと発表した。現在の日本の総人口（１億２７５３万人）で割ると、１人当たり約７７１万円の借金を背負わされている計算になる。まったくもってひどい話である。

議会制民主主義の根幹である選挙にだって、国民はほとんど期待していない。直近３カ月の世論調査（共同通信）の政党支持率を見れば歴然としている。トップの自民が27％、次の民主が12％、第三極として評判の維新は10％、みんなと生活が３％台、公明、共産、たちあがれが２％台と全政党を合計しても有権者の約半分の支持しかない。これでは選挙が行われても棄権が増えるだけである。行き場なしの現実だ。困ったことに、はじめから多くの有権者が脱落してしまっている。旧態依然たる組織票が効力を発揮して、結果は元の木阿弥《もくあみ》。政治の閉塞状態は改善されない。

しかし、政治を見放してしまうことは自らの首を絞めることだということに、私たちも気付かなければいけない。つまりはデモの精神をもっと尊重し、諦めない姿勢を取り続けるしかないのである。私たちの国なのだから、化け物たちをつぶして、納得できる政治を手に入れるには政策によって政党を選ぶしかない。第三極の野合に騙《だま》されることなく、反民自公の一票を投じることだ。頑張ろう！

姉妹の求め合う心

私の友人に在日韓国人の李政美《イチョンミ》という歌手がいる。ご存じの方もいるだろうが、素晴らしい美声の持ち主で歌は最高である。現在、娘が沖縄に住んでいて、政美さんも時間さえ許せば孫との交流もあってしばしば滞在している。ごく最近「ウナイノチカラ」という新曲を作った。琉球の古い伝説にあるウナイ神から発想した作品である。以下、歌詞を紹介する。

遠く離れていても
私にはあなたがわかる
ぬくもりを
いつも感じているよ
星のない夜の海
小さな灯《あかり》をもとめ
さまよっても

15

あなたを思い出せば
いつの日も　つながっている
いつまでも　つながっている

遠く離れていても
それぞれの道歩いていても
同じ願い
いつも心はひとつ
哀しみを唄い
喜びを踊り
世界を彩るよ
希望を唄い
祈りを踊り
輪となれ　ウナイノチカラ

（詞＝なびぃ　曲＝李政美）

15

去る11月9日、東京、下丸子にある大田区民プラザ小ホールで開催された「李政美コンサートｉｎ大田」で『ウナイノチカラ』は初めて披露された。最後のフレーズは観客も共に歌った。輪唱した。

〈希望を唄い祈りを踊り、輪となれウナイノチカラ〉

まさに感動的な一夜だった。分かれて暮らす姉妹の求め合う心が、いつか希望をかなえてくれる。沖縄の抱いている悲惨な現実が改善されるよう励ましている歌である。世の中はあまりにも残酷だが、決して諦めずにコツコツやれば実る日は必ず来る。基地のない沖縄、平和憲法が尊重される日本、戦争と差別のない世界、クリーンな地球。それを目指して生きることにしよう！

2012年11月19日（矢崎）

15

よぎる昔日の濁流

16

高校まで出た。九つか十から売れっ子芸能人だったので、まともには通っていない。どの段階でも、出席日数ぎりぎり、担任の先生が苦労してなんとか卒業させた。

そのせいもあるかもしれない。ハタチを過ぎるころ、世界的な女性解放運動「ウーマンリブ」に触れて踏み込むまで、欧米はもとより日本の婦人参政権運動についても、まるで知らなかった。与謝野晶子は有名な歌人として頭の片隅に入ったが、短歌に興味がなかったので、それだけだった。平塚らいてうは、奔放な生き方をした明治の女で「若いツバメ」と同棲した、くらいの話を小耳にはさんでいただけだった。ふたりが女権運動の同志であったことはもちろん、彼女たちが創刊した有名な雑誌『青鞜』の名さえ知らなかった。

これものちに知ったことだが、私が出た高校は、女権運動に同調する人物によって、女子に教育の門戸を開こうと、1905年に開設された女子校だった。だから、『青鞜』や参政権運動について、多少なりとも教えたのではないかと思う。私に関心がまるでなく、右から左へ聞き流してしまったために、まったく頭に残らなかったのかもしれない。

けれども、普通の子どもだった女たちに聞いてみても、私と同様、性差別と、それに抗して行動した女（や男）のことなど、知らずに育っている者が大半だ。すると、やはり日本の教育は、女の歴史を伝えることに、あまり熱心ではなかったのだろう。いつでもどこでも、被差別者や負け組の歴史は、公教育の盲点だ。

市川さんのこと

婦人参政権運動で名高い故・市川房枝さんとは、ウーマンリブのなかで出会った。モノを知る仲間が、先輩の話を聞こうと企画して、市川さんにご足労願った。この出会いをきっかけに、私はようやく女の政治参加の歴史を知るようになったわけだった。

当時、市川さんは、人望ある参議院議員だった。ところが直後、１９７４年の改選で落ちた。支持者は呆然《ぼうぜん》とし、そして参議院の良心を捨てておいてはならない、という運動が沸き起こった。そのなかでよく働いていた青年のひとりが、菅直人さんだった。

77年、菅さんは江田五月さんたちと新党を結成し、参院選に打って出た。私も革新自由連合という運動に加わって、初めて選挙に関わった。そして3年後の80年、再起した市川さんと同じ全国区（当時は比例代表制ではなく個人で立候補できた）に出馬することになった。結果、全国区第1位で市川さんは堂々と返り咲き、私も第5位で当選した。

16

市川さん批判が起きたのはその前後だったろう。たいした騒ぎにはならなかったが、「戦中、大政翼賛会に属していた」と誰かが雑誌か何かに書いた。市川人気に水をかける中傷目的だったが、話は事実だと仲間から聞いた。意外だった。右から左まで串刺しのこの大政治団体が、国家総動員法を皮切りに日本を戦争の泥沼に引き込んだ、と聞く。政治家は、これに加わるか、野に下るか、はたまた潜伏するか、しかない時代だったのだろう。

だが、私が知る市川さんは、すさまじい女権運動のなかで投獄体験もあり、話しぶりも真っすぐで、およそ並みの政治家ではなく、野合はきっぱり拒絶する意気も肝もじゅうぶんある。そう見えていた。だからこの話は、市川さんの変節としてではなく、あの市川さんでさえ野合に追い込まれる政局があるのだ、という一種の感動をともなって、私のなかに残り続けている。

大政翼賛会の予兆

最近、この話がよく心によみがえる。というのも、この衆院選挙に改憲を打ち出した自民党の巻き返し戦略のなかで、まるでオウム真理教の洗脳呪文のように「とりもどす」だけを連呼する安倍晋三総裁のテレビコマーシャルを見ていると、大政翼賛会の再来がいやでも予感されるからだ。節操のない政党、弱い政党、つまり政党のほとんどはその波に乗り、石原慎太郎や橋下徹のようなタレント型の政治家たちは嬉々として流れに飛び込んでいくだろう。深刻な予感は私にそう囁《ささや》く。

頼みの綱は、民衆だ。反基地の沖縄や反原発の市民運動を見ると、民は確実に育っている、と強く感じる。すると明るくなるのだが、しかし、大正デモクラシーと呼ばれる時代は、目立って民が育った時代ではなかったか。民の権利意識が熟して、だから女権運動も盛んになった。そして次に何がきたか。大政翼賛会のお出ましだ。筋金入りの女権運動家までもが押し流される濁流に、成人しかかっていた民はたちまち天皇の赤子に退行したのではなかったか。

原発報道を見ていると、大本営発表に従順なマスコミ体質も極めて健在だ。昔日よりも一段と頑健に、民が育っていることを、祈るしかない。

2012年12月17日（中山）

16

大手を振る独裁者

空軍仕様の垂直離着陸輸送機ＣＶ22オスプレイを空軍嘉手納基地に10機程度配備する計画を米国防総省が進めていることが最近分かった。国防総省のジョンストン北東アジア部長が、訪米中だった沖縄県の又吉進知事公室長に伝えた。

沖縄では既に海兵隊仕様のＭＶ22オスプレイ12機が普天間基地で本格運用されており、さらに12機が今夏までに配備される予定だ。又吉氏はジョンストン氏に「ＣＶ22の配備は絶対に認められない」と抗議したが、ドンリー米空軍長官は会見で「現在その方向で進めている」と配備を認める発表をしている。

最初のＭＶ22にしても、民主党が安保条約を理由に強引に実行したもので、沖縄県民は拒否の姿勢を貫いている。ＣＶ22は空軍の特殊部隊が使用する機種で、明らかに対中国への戦略目的が濃厚。しかも、ＣＶ22は昨年６月にフロリダ州で訓練中に事故を起こしたばかりで、操縦士らの人為ミスが原因として詳細は発表されていない。

深まる中国との確執

この問題ひとつ取っても、つくづく尖閣諸島での中国との確執がいかに重要かが分かる。そもそも石原慎太郎前都知事が、訪米中に唐突に「尖閣を東京都が買う」と宣言したことに端を発しているのだが、その提案をしていたのは現都知事の猪瀬直樹氏（当時は副知事）である。まったくとんでもないことを進言したものだが、寄付金を集めるのも彼のプランだった。今も15億円近くが宙に浮いたままだが、都の購入計画に反発した野田佳彦前首相は「尖閣の国有化」を打ち出し、中国と真っ向から衝突することになる。

このために中国に進出している日本企業は大打撃を受け、ひいては日中間には大きな亀裂が入ってしまった。これを煽《あお》るかのような日米の軍事的戦略は、戦争の危機すら感じさせるではないか。

悪夢の始まりは昨年末の総選挙だった。自民党の勝利などマスコミが伝えたことは真っ赤な嘘である。選挙史上最低の投票率。民主党嫌いの有権者と弊害だらけの小選挙区制度の相乗効果もあった。

しかも第三極と言われた小党の乱立。これらが自民党に過半数を与えてしまったのである。その証拠に比例区の得票は前回を下回っているし、いわゆる「死に票」が大量に生じている。とても民主的な選挙とは言えない。

安倍晋三内閣は勝手なまねは絶対にできない政権なのに、得意満面なのだから腹が立つ。例のごとく「お友だち内閣」を誕生させ、大手を振って右傾化を推し進めている。だが、総選挙と同日選挙となった東京都知事選では、石原都政の後継者でもある猪瀬氏が空前の大得票４３３万余を集めたのだから、まさに唖然呆然《あぜんぼうぜん》である。投票率は悪かったが、都民の大多数は猪瀬氏に一票を投じたのだ。悪夢には違いないが、事実の重みは一段と大きい。自民党とは違って正真正銘の大勝利なのである。どうして、こんな間違いが起きてしまったのか。

野心に突き進む

猪瀬直樹、長野県生まれの66歳。全共闘世代の中心にいて信州大学でセクトのリーダーとしてゲバ棒を振るっていた。もちろん転向したわけだが、変節ぶりがすさまじい。ノンフィクション作家としてデビューを果たすや、日本ペンクラブに入会して理事になり、言論表現委員会の委員長になる。その間、彼が踏み台にした人の数は相当数に上る。取り入っては足を引っ張るというやり方で、自分の野心のためにはいくらでも汚い手を使った。私もその犠牲者の一人であるから身にしみている。

小泉純一郎首相（当時）に指名され道路公団民営化推進委員会の委員に任命されるや、

委員長以下5人の委員を追い出し、大宅映子氏とともに小泉首相に媚《こ》びへつらった答申を出した。次に竹中平蔵氏の紹介で石原都知事に取り入って、副知事になるや東京オリンピック招致、尖閣諸島の買い取りなど石原好みの政策を自ら率先する形で引き受け、ついに都知事の座を射止めたのである。

私は猪瀬氏の姿に独裁者ヒトラーの幻影を見ている。思えば石原氏と組んだ日本維新の会の橋下徹共同代表も、猪瀬氏と同じ匂いが漂っているようでならない。その先にあるものは戦争である。

タカ派的独裁の芽を早く摘まなくては、それこそ何をしでかすか分からない。彼らが意図しているものは、再び沖縄を戦場にしてでも野望を遂げようというたくらみである。騙《だま》されやすい日本人に目を覚ましてもらうしかあるまい。何の躊躇《ためら》いもなく、軽い気持ちで猪瀬直樹なる者に一票を投じた人こそ恥じなくてはならない。

沖縄の空にオスプレイを飛ばしてはならない。辺野古に基地を造らせてはならない。嫌なものは断固として拒否しよう。

私たち日本人は、もう二度と戦争をやらないと決めたのだから。

２０１３年1月21日（矢崎）

17

兵役拒否のすすめ

18

湾岸戦争につれて、自衛隊の海外派遣が強引に法制化された時……調べたら1992年の6月だ……本気で考えた。兵役拒否運動を始めなくちゃ、と。徴兵制度の始まりが身に迫って感じられたのだ。

といっても、私自身はすでに結構な年だし、子も孫もないから、そう身近な話ではないのだが、いつのころからか、友人の息子や、町ですれちがう少年を見ると、ふと「徴兵」が頭に浮かぶようになった。そのうち、男女平等が軍事にまでおよび、アメリカ合州国では女性兵士が増えて軍隊でのセクハラが問題になったりし、日本でも自衛隊に入る女性がぐんと増えた。それで今では、少女を見ても「徴兵」が浮かぶ。

やがて、慣れと政権交代とが作用して、兵役拒否について思うことも少なくなった。ところがそこへ、このたびの衆院選。自衛隊の海外派遣を強引に決めた自民党政権の再来だ。

早速、政府は（あっぱれながら）公約の路線どおり、軍拡にとりかかった。何年ぶりとかの大幅な軍備費増額、自衛隊海外派遣条件の緩和策、兵器の輸出緩和と、新聞テレビをあまり読まない見ない私にも、危なっかしいニュースが届く。北朝鮮がミサイルを発射したの核実験したのという未確認報道の乱舞は、ビン・ラディンの大量破壊兵器騒ぎを思い出させる。ほんとかうそか。このテの話は、どうせ何十年もたたなければわからないのだから、いやそれでもわからないかもしれないのだから、考えたくもない。怖いのは、うそでもほんとでも、そこに戦争したい人たちがいれば、軍拡に拍車をかけ、戦争になりかねない、ということだ。

やっぱり本気で兵役拒否の準備をするべきかもしれない。

「良心的」とは

にわか勉強によれば、大雑把な話、世界の約170カ国が軍隊を持っており、そのうち67カ国に徴兵制があり、そのうち約30カ国が、特定の兵役拒否を「良心的兵役拒否」として法的に認めている。その25カ国までがヨーロッパ。良心的兵役拒否の最初は1900年のノルウェーで、17年にデンマーク、21年にスウェーデンが続いた。アメリカ合州国では南北戦争時代から、宗教上の理由（汝殺すなかれ！）による兵役拒否を認めており、第2次世界大戦では1万2千人がこれによって合法的に兵役を免除された。近年、国連やヨーロッパ評議会では、良心的兵役拒否を基本的人権と見て推奨すること

18

が定着し、欧米の状況に大きく影響している。
……とたどる間に、ベトナム戦争当時に聞き覚えたこの言葉、良心的兵役拒否が、とても異様に思えてきた。これは今や、「真っ赤になって赤面し」の類いを聞くのと、同じ感覚を私に抱かせる。国家間の戦争は最大の暴力であり、暴力には正義も聖性もなく、悪そのものである、と考える私にしてみれば、その戦争への加担を拒否する兵役拒否は、どんなものでも良心的だからだ。

　良心的、と呼ばれてきたほとんどは、属する宗派が殺人を、あるいは武力闘争を禁じているから、という宗教的な理由による拒否だった。信じる神の教えを断固実行するのは確かに良心的かもしれない。しかし、だからといって、辛くて汚くて危ない職にはつきたくない、ひたすら怪我《けが》や死が怖い、家族と離れたくない、さらに、国になんか命をかけたくない、などの理由を、非良心的、悪心的とは言えまい。これらの主張は、場合が兵役でさえなければ、個人の自由、当然のこととして容認されるはずのもの、いかにも基本的人権の範囲なのだ。

　国連などがその考えになってきているらしいのは、とても心強い。兵役拒否をするなら、この路線でゆくべきだと思う。

徴兵制の足音

昨年、徴兵制を廃止したドイツでは、福祉事業の労働力が減るのを危ぶんでいるという。兵役拒否者を、兵役に代わる義務として、そうした奉仕に当ててきたが、その数が莫大だったらしい。この方法は、兵役というものを、福祉ボランティアと同列の、共同体に対する個人の良心的奉仕、と見ているわけだ。国家嫌いの私も、自分が属する共同体への奉仕を、頭から否定するわけではない。

けれども、思う。直接にも間接にも、自他の生命を損なう仕業に奉仕したり、それを良心的義務として押し付けたりするのは、悪事だ。命令一下、対立組織を殲滅《せんめつ》しに走るのを良心的義務としている暴力団やテロ組織を断罪するのなら、国は兵役を強制してはならないし、私たちは、兵役に応じるべきではない。

ところで、政府や財界を見れば見るほど、彼らの軍拡は国体や国民生活を思っての、いわば「良心的軍拡」とはとても思えない。あからさまに我が立場第一、我が儲け第一と見える。軍備に不可欠な兵士の確保など、真面目に考えているとも思えない。だから兵役拒否は杞憂《きゆう》かもしれないけれど、どう転ぶかわからないのが政治だ。特に元気な若者とその家族には、よく考えておくことをお勧めする。

2013年2月18日（中山）

18

その前にやることがある

この小さな島国に約1億3千万人が棲息《せいそく》している。ことに都市部の人口密度は異常に高い。しかも世界一の長寿国だという。首をかしげたくなるようなことが毎日のように起きている現実を思えば、お世辞にも良い国とは言えない。むしろ間違いだらけの名ばかりの法治国家である。一握りの富裕層が権力と結びついて贅沢《ぜいたく》三昧をやっている。底辺に喘《あえ》いでいる貧困層が多いのは間違いのない事実である。唯一の取り柄《え》と言えば、平和憲法によって直接は67年間戦争と関わってこなかったことだろう。

わざわざ、直接とことわったのは、敗戦5年後の1950年に起きた朝鮮戦争では、米軍の後方支援《ロジスティック》を行い、特需景気で潤っている。その後、軍事産業にも加担し武器弾薬を大量に製造しているし、自衛隊と称する強力な軍隊を保持している。「陸・海・空の戦力はこれを保持しない」という憲法の約束は守られていない。

むしろ平和を後ろ盾に経済成長を遂げ、貧富の格差を増大することに成功している。はっきり言ってしまえば、世界に冠たる欺瞞《ぎまん》国家なのである。誰もがそれを知りながら口をつぐんでいる。ことにひどいのはジャーナリズムである。

19

広島・長崎の悲劇を繰り返さないとしながら、原子力の平和利用などとほざいて、危険な原子力発電所を全国に建てまくり、3・11の惨禍に見舞われるに至った。政府は復興支援の名目で増税をし、にもかかわらず被災者を見殺しにして平然としている。民主党政権に鉄槌《てっつい》を食わせるのは当然だが、その原因を作った自民党政権を復活させるなんて、まさに言語道断である。どこまでこの国の主権者はバカなのか。

欺瞞国家と覇権国家

日本の米軍専用施設の74％が存在する沖縄は、戦争によって大きな被害を受けながら占領され、人権を蹂躙《じゅうりん》され続けて今日に至っている。自民党政権時代にアメリカに言いなりになってきた弊害が歴然としている。復帰後も密約によって核兵器が存在してきたことは既に明らかである。日米安保の負担の大部分は沖縄県民だけが負ってきた。

日本の安全を守っているのだから、多少の問題が起きても当然だというアメリカ側の論理がまかり通ってきたのだからあきれてしまう。平和憲法を守るならアメリカとは手を切るべきなのである。そんな簡単明瞭なことが分からないのは、敗戦直後から日本の政治家が自国の民のためではなく、自らの権力保持と繁栄のために犠牲を強いてきたからに他ならない。

19

19

その延長線上に沖縄の現状はある。あれほど反対したオスプレイは普天間基地に配備され、辺野古移転はどんどん進められている。政府もアメリカの言いなりだから、むしろ沖縄県民を邪魔者扱いしている。まったくふざけた話ではないか。アメリカも中国もともに覇権国家である。それをゆめゆめ忘れてはならない。

真理は少数に宿る

3月6日、東京高裁は昨年12月に施行された衆議院議員選挙を「違憲」と判断した。ならば無効としてやり直すべきなのに、「混乱を招く」という理由で、無効請求は認めなかった。これまたふざけた話ではないか。インチキ安倍政権は本来なら成立していないはずである。それにも関わらず、架空の内閣が憲法改悪を主張している。とんでもない。その前にやることがあるだろう。声を大にして叫びたい。

原点に戻ることが肝要だと思う。つまり自衛隊を解散し、アメリカと手を切り、平和憲法の原理原則をまず守ることから始めるしかあるまい。人権を尊重し、民主主義の本来の目的を忠実にもう一度実行してみる。それしかない。

1票の格差が2倍以上もある現実に目を瞑《つむ》って実行されてしまう選挙なんて意味がない。知らぬ顔をしている立法府は存在そのものが否定されて当然なのである。どんな混乱があっても、本来は、安倍政権を崩壊させるべきだろう。

…と、ここまで私が言うと犯罪者扱いされかねない。それがこの国のエセ常識でもある。たちまちブラックリストに載せられ、マスメディアからは追放の憂き目に遭って抹殺されかねない。権力に媚びへつらうジャーナリストやマスコミ人間だけが許されるのだから、あらゆることはねじ曲げられてしか伝わってこない。かくして弱肉強食の国家像がますます肥大化していく。

だが諦めたら終わりである。戦争を知る世代はやがていなくなるだろう。その前に伝えておかなくてはならないことが山ほどある。間違った歴史認識は一刻も早く改めなくてはならないし、二度と戦争の悲劇だけは繰り返してはならぬ。真理は少数に宿る。一句詠んでおこう。

〈あの人もこの人もいて　春の夢　華得〉

春は近い。そう思いたい。

2013年3月18日（矢崎）

19

20 砂川闘争と伊達判決

革自連（革新自由連合）と言っても、ご存じない方が多いだろう。革自連は、当コラムの相棒である矢崎泰久さんに誘われて設立した政治団体だ。参議院に著名人を送り込むのが当初の目的で、1977年に発足した。

初めは当時のリベラルな著名人（学者・作家や映画監督や絵描きなどのクリエイター・タレント、歌手などの演技者）ほとんどが名を連ね、日本初の複数代表制、筆頭代表は女性（不肖ワタクシ）など打ち出して勢い盛んだったが、保守や既成政党の反感反撃すさまじく、シロウト集団はテもなく腰砕けて、参院選に惨敗。ひとはごそっと減って、あとには、せっかくだから「市民政治参加運動」を粘ってやってみようという、著名人にしては殊勝なのが残った。3年後の1980年、30歳をやっと越して被選挙権を得た私は、その革自連から立候補して当選するわけだが、島田清作さんとは、たしかその選挙で出会った。

当時、東京都立川のベテラン市議だった島田さんは、革自連に一条の光を見たのか、全国の無所属市議たちとともに、私の選挙応援を決めた。市民運動家ではあっても、選挙のプロである彼ら市議のおかげで、私たちはどんなに助かったことか。以来、島田さんとは選挙を含むさまざまな市民運動で共闘してきた。すでに議会は退き、むろん定年退職の年齢はとっくに越しているけれど、今も立川でせっせと働き、精力的に運動を続けている。

砂川の反基地闘争

その島田さんが、砂川闘争を戦ったひとりだったと知ったのは、いつだったか、とにかくずいぶん昔だ。闘争に飛び込んだ時、彼はまだ高校生だった。それがキッカケで運動に没頭し、果ては市議になった。派手に喋《しゃべ》るひとではないので、ざっとそうわかっただけだ。私はといえば、闘争勃発《ぼっぱつ》当時、小学生の子役。島田さんのその話で初めて砂川闘争を知ったのだと思う。まず知識人ではない者の社会政治知識はその程度のものだ。そして、よくよく知ったのは、ミレニアムを超えて、２０１０年も終わろうかという時だった。

『米軍基地を返還させた砂川闘争』という写真集を島田さんが送ってくれたのだ。「砂川を記録する会」が自費出版したこの本は、市民側から写した、ひとびとの素晴らしい表情を捉えたたくさんの写真と、充実した読みやすい解説からなるその作りのよさで、11年度の日本自費出版文化賞グラフィック部門賞を受賞した。私のような非知識人には優しい最良の解説書だ。

この運動が、決して地域エゴではなく、日米関係の欺瞞《ぎまん》に正対し、人民の権利を守ろうとし、当然、沖縄の基地闘争とも連帯する、地元民・知識人・政治家の幅広い戦線だったことがよくわかる。

裏表紙に、こう箇条書きされている。

「砂川開拓400年／立川飛行場設置88周年／砂川闘争55周年／伊達判決51周年／現行日米安保条約50周年」

「伊達判決」も運動家や知識人には周知の名称だ。1957年7月8日、「基地内に侵入した」として市民側23人が逮捕され、うち7人の学生たちが「安保条約に基づく刑事特別法違反」で起訴された。59年、伊達秋雄を裁判長とする東京地方裁判所は、空前絶後の正しい判決を出した。日本政府が米軍基地を許容したのは、憲法第9条に反する違憲行為である、したがって違憲に基づく刑事特別法は無効、7人は全員無罪。慌てた政府検察は、即、最高裁に「跳躍上告」し、最高裁はその期待に応えて「裁判所は違憲判断を保留すべし」と伊達判決を破棄、地裁に差し戻して有罪判決を出させ、上告は棄却した。2000円の罰金刑だった。

密談密約のしきたり

そして世の中の忘却が進んだ。しかし、被告たちは「伊達判決を生かす会」を結成、

20

逆転判決にいたる日米の裏工作を証明する資料を求め続けた。努力は実った。2008年、ついに米側の公文書から、伊達判決を覆すのに日米政府の暗躍があったことが判明したのだ。その後も発見が相次ぎ、今月には、当時の田中耕太郎最高裁長官が、駐日米国公使らと密談し、裁判の見通しなどを伝えていたことがわかった、と報じられている。一審判決破棄後の公電で米公使は、「全員一致の最高裁判決は田中裁判長の手腕と政治力に負うところがすこぶる大きい」「日本を世界の自由陣営に組み込む金字塔」と讃えているという。

密約密談でことを進めるこうした国のやりかたは、国家株式会社重役の自由ではあっても、私たちの自由ではない。彼らが言う「自由陣営」に私たちは含まれない。何陣営でも軍事に密談密約は不可欠である。

最近、迎撃ミサイル発射命令などは、隠密に出し、公表もしないのが政府の方針だという報道もあった。公表しない理由は「国民の不安をあおらないように」だという。ありがとうござえますだ、と喜ぼう。不安という予告なしに、いきなり戦火に見舞われるのが、嬉しいのであれば。

2013年4月15日（中山）

20

恥知らずな日本の権力者たち

4月28日ほど不快な日はなかった。まさに「主権回復の日」は安倍晋三という名の独裁者によって強行された偽りのセレモニーであった。米国との間で締結されたサンフランシスコ講和条約は、沖縄、奄美大島、小笠原諸島を切り捨てて結んだ屈辱的なもので、その結果日本の米国への従属が決定されたのである。

それを祝う神経は異常としか言いようもない。天皇皇后を引っ張り出した揚げ句に、式次第になかった「万歳三唱」をやってのけたのである。恐らく両陛下は戸惑ったに違いない。

歴史認識もさることながら、安倍はこれまでの日本の現状を何一つ理解していない。明らかに安倍は日本人全ての敵であると断言したい。一口に言えば恥知らずそのものである。

安倍率いる自民党は、幹事長の石破茂が宣言するように「日本国憲法を改正する政党である」らしい。そんな政党に政権を取らせていることは慚愧《ざんき》に堪えない。平和憲法によって今日の平和があることを誰もが知っているはずである。

67年前に日本は戦争に敗《ま》けた。無条件降伏したのだ。そして二度と戦争は起こさないと諸外国に誓って再出発している。それにもかかわらず「敗戦の日」を「終戦記念日」と言い換え、「陸海空の戦力はこれを保持しない」としながら自衛隊という名の軍隊を所有している。インチキ国家そのものだ。それでも平和憲法を遵守《じゅんしゅ》するならまだしも、その条項を破棄する魂胆で憲法96条を改竄《かいざん》しようとしている。とんでもない暴挙である。

改憲勢力の暴挙

5月5日のこどもの日に長嶋茂雄と松井秀喜に国民栄誉賞を授与するセレモニーが東京ドームで行われた。そのこと自体も許し難いが、続く巨人―広島戦の始球式で松井がピッチャーをやり、長嶋がバッター、原辰徳がキャッチャーを務め、審判が安倍晋三という組み合わせが披露された。審判員がユニホームを着用するのも奇妙だが、安倍の背中には「96」の背番号が輝いていた。何という卑しい目論見《もくろみ》だろうか。96代総理だからと言い訳したらしいが、つまり配慮がまったくないのである。改憲へのPRとしか思えないではないか。これひとつでも安倍に総理の資格はない。

米国を皮切りに安倍はしきりに外遊をしているが、そこでも歴史認識の欠如をさらけ出している。日本は戦争で諸外国に多大な損失と迷惑を掛けてきた。その原点に立てば

21

とうてい言ってはならないことを平然と語っている。米議会ですら日本の右傾化の危機を指摘するほどだ。アジア諸国や中国、ロシアは日本の軍国化を決して望んでいない。その空気すら読めない阿呆な総理は前代未聞である。

安倍の重用する麻生太郎をはじめとする閣僚や国会議員が、A級戦犯が合祀《ごうし》されている靖国神社にゾロゾロ参拝に行く。尖閣、竹島問題でねじれている中国や韓国に対し、火に油を注ぐようなことを公然とやっているのである。

都知事の猪瀬直樹も恥知らずな権力者である。2020年の東京オリンピック招致をめぐって、他の立候補国のトルコ（イスタンブール）やスペイン（マドリード）を誹謗《ひぼう》中傷して笑い者になった。無知無学をさらすのは、いかにも猪瀬らしいのだが、公人なのだからつつしみを忘れるようでは困る。手段を選ぶことなく上へ上へと自らの野心を追求してきたまさに野蛮な男だ。一日も早く引きずりおろすしかあるまい。

歴史に学べ

日本は民主主義国家を一応は標榜《ひょうぼう》している。しかし、その実態は実にお粗末だ。アベノミクスとやらで浮かれまくっている自民党政権は怪しいし、司法も乱れきったまま。先進国で死刑制度を温存しているのもみっともない。素晴らしい憲法を持ちながら、守る気すらないようである。権力者ばかりか、たいていの日本人がもともと恥知らずなのかもしれない。

例えば、戦争が終わるまで日本に隷属させていた朝鮮や台湾に対して、誰もが本当に謝罪する心を持っているか疑わしい。どこかで下に見ているような無神経さがあるように思えてならない。つまり差別がどれほど悪いものであるかの認識に欠けているようでならないのだ。日本維新の会共同代表の橋下徹の女性蔑視発言に至っては、言語道断である。安倍や猪瀬や橋下のような権力亡者の登場を許していることも反省しなくてはならない。歴史に学べば、とうてい起こりえないことが蔓延《まんえん》している。今こそ、声高らかに「沖縄を返せ！」と叫びたい。これこそ私たちの貴重な反戦歌だ。

2013年5月20日（矢崎）

ホンネデッカ？ 大阪市長

22

この耳で聞いたわけではない。だから、まさか、と疑いたくなるが、報道が一致しているので、ほんとうらしい。「兵士の休息のためには、慰安婦制度が必要である」と大阪市長が公言した。明治時代の話ではない。この5月、現役の大阪市長、しかも私よりずっと若い男の発言だ。

だから、軍隊は慰安婦制度を必要とするようなしろものである、という一事からしても、憲法9条を遵守《じゅんしゅ》して軍隊は持たないことにしよう、どんな場合も国家間の争いを武力で解決するのはやめようというのなら、うなずける。ところが彼は、必要とあらば戦争しよう、軍隊を準備しよう、ついては慰安婦制度を設けよう、という考えのようだ。さらに、後方基地での兵士の買春も必要と考えているらしく、おせっかいにも沖縄米軍の高官に「風俗」を活用するよう提言し、当然ながら先方の不興を買った。

もしかすると先方は、沖縄で米軍兵の性犯罪が頻発することへの、皮肉、と受け取ったかもしれない。そうに違いない。もともと人権感覚が鋭く、歴史的に人身売買への反省が強く、女性兵士を多く抱える軍で性問題についても経験を積んでいるはずの先方にしてみれば、こんな提言を公人が真面目にするとは、思いもつかないだろうから。

残念ながら大阪市長は大真面目、天然のようである。ついに発言の非を認めたらしいが、長い間、がんばっていた。

法律違反の勧め

それにしても解せない。私の記憶違いでなければ、この大阪市長はおもしろい弁護士としてテレビで売り出し、そして政治に進出した。おもしろくてもつまらなくても、弁護士なら、日本には売春防止法があるくらい知っているだろう。「対償を受け、又は受ける約束で、不特定の相手方と性交すること」およびその相手方になることは、禁止されている。それに照らせば、在沖米軍が兵士に買春を禁じているのは、日本の法律をも尊重した紳士的な態度だ。それを件《くだん》の大阪市長は「そんなタテマエみたいなこと」を言っていてはいかん、と面前で批判したらしい。

ほんとうに彼は弁護士だったのだろうか。法とはタテマエにほかならないと、知らないのか。タテマエは捨てて買春しろ、と公に勧めるのは、法を破れ、と公に勧めることだと、わかっていないのだろうか。

ひとのホンネは確実にはわからない。だから、多くの異なる人間が協調して暮らそう

22

とするなら、タテマエでいくしかない。ホンネは無視して、盗まない、殺さない、売買春しない、と理想的な社会人のタテマエを掲げる、それが法律だろう。ホンネがどうあれ、法を守って行動すれば、それは善良な社会人だ。実は偽善者であったとしても、社会的には善人だ。

法によって立つ政治もまたタテマエこそが重要である。私たちに政治家という人間のホンネなど、見ることはできない。見えるのは、その政治家の公言、公約、つまりはタテマエだけだ。そして、ホンネがどうあれ、公約を守れば、それは善良な政治家なのだ。ホンネを云々するのは、芸術の領分である。

22

浅薄すぎる話

と言いながら、大阪市長の従軍慰安婦制度必要論は本気かしら、と探りたくなる。ただ珍奇なことを言って話題になろうとしたのかもしれない、と疑いたくなる。本気にしては話が雑過ぎるのだ。そこには抜きがたい、しかし軽薄な性差別があるだけで、性についての、いや軍事についてさえ、深い知識や考察は皆無に見える。そもそも、生命の危機に瀕した男性は、すべからく性交によって安らぎを得る、という前提が怪しい。いくら単純でも、それぞれのメンタリティーによって、反応は様々だろう。今ならプレステと恋愛ゲームでも配給したほうが、よほど適切なのではないか。

現代の女についても、わかっていない。戦地は誰にとっても危険でストレスの多い場所だ。そんなところへ、進んで商売しにいく女はいない。かつてのように、愛国を強要できる赤線もなければ、だまして拉致できる植民地もない。風俗嬢を当てにしているのなら、大間違いだ。彼女らの多くは、食うためではなく、より豊かで平穏な暮らしのために商売している。誰が好んで従軍するものか。よほど国庫を傾け、組織暴力団にでも元締めを頼むしかあるまい。

今や、徴兵制廃止、傭兵《ようへい》会社の台頭が国際的な傾向だと聞く。日本人にも傭兵会社に就職して戦地へゆく若者がちらほらいる。企業化しつつある軍隊では、女性兵士も含む「社員」としての兵士の慰安を、慰安婦ですますわけにはいかないだろう。もっと人権に配慮した合理的な慰安が工夫されているはずだ。そんな現状を知る軍事専門家には、大阪市長のお説はお笑い種《ぐさ》に違いない。

もちろん、どちらがいい、という話ではない。若者を慰安して殺戮《さつりく》させること自体が、どうしようもない悪習なのだから。

２０１３年６月17日（中山）

暴走政権と腰砕けメディア

23

7月21日投開票の第23回参院選がいよいよ終盤を迎えた。大方の予想では自公連立政権の圧勝である。これによって念願のねじれが解消すると安倍晋三首相はほくそ笑んでいる。まったく冗談ではない。安倍政権は目下暴走中であり、これにストップをかけなくては日本の未来は真っ暗である。アベノミクスの三本の矢が毒矢だということにそろそろ気付いてほしい。

虎視眈々《たんたん》と原発の再稼働を狙っているのは明らかだし、原発は安全だとだましてまで輸出しようとしている。核廃棄物処理に3万年以上もかかるというのに知らん顔だ。放射能まみれの日本にオリンピックを招致するなんて、狂気の沙汰である。

すでに赤字国債を大量に抱えているのに金融緩和に踏み切り、さらに補正予算で7・8兆円、本予算で43兆円の赤字国債発行を上乗せした。これで累積赤字は1107兆円にふくれあがる。絶対に返済不可能だし、格差社会は拡大するばかりだ。

TPP参加を実現するならば、日本の農業は壊滅するだろう。多国籍企業モンサントによる遺伝子組み換え種子が氾濫して私たちの食を危険にさらす。まったく目を覆いたくなる。

平然と言論弾圧

こうした問題点を日本の大手マスコミは追及しない。それどころか口先だけの安倍政権を平気で持ち上げている。原発、TPP、財政の三つでもこの体たらくなのに、憲法の改悪まで目論んでいるのである。沖縄の基地問題は一向に解決されないし、その延長線上には9条を廃止して、軍隊を公然と所有しようという魂胆が見え隠れしている。

これこそ暴走ではないか。敗戦の教訓を生かすことしか、日本の民主主義の原点はない。23区ある1人区で沖縄以外は全部自民党が当選を果たすとされているが、これこそが悪夢である。そのたったひとつの1人区が沖縄だ。唯一の希望がここにある。

今回の参院選からネットによる広報が解禁された。とにかくどんどん低下しつつある各種選挙の投票率を思えば、どのような手段でもいいから選挙に関心を持ち、1人でも多くの人が投票に参加するしかない。

そうした選挙期間中にもかかわらず、7月5日、自民党はTBSに取材拒否を通告した。前代未聞のことだが、理由は「TBSの報道が公平公正を欠いた」として一切の党幹部への取材および出演を当面拒否すると発表した。

明らかに言論表現の自由に対する弾圧であり、メディア各社は当然抗議すべきだった。ところが腰砕けに終わり、揚げ句はＴＢＳが「自民党から抗議を受けたことは残念です。引き続き、理解を得られるよう努力して参ります」と生ぬるいコメントをする始末。まったくだらしない対応だし、自民党の横暴に対して許容する対応だった。

野党各党は自民党に対して「言論弾圧だ」と批判したが、政治レベルではなく言論機関が権力に真正面から対峙《たいじ》して然《しか》るべきであった。ファシズム化はそこまで来ているという危機感を持つことで、多くの国民に安倍政権の暴走ぶりを知らしめることができるチャンスでもあった。

大国のエゴイズム

私たち日本国民は完全に安倍政権になめられている。参院選の第一声を安倍首相はこともあろうに復興が遅々として進まない被災地の福島でやった。これほどの欺瞞《ぎまん》を許していいのだろうか。復興費を違う目的で不正に使用し、復興の遅れをねじれ国会のせいにして平然としている。パフォーマンス大好きな安倍晋三クンなら、仮設住宅に１泊ぐらいしてみせろ！

他にもインチキは絶えない。安倍政権は辺野古移転を推進しているのに、自民党候補は「県外移設」を公約に掲げて参院選に臨んでいる。普天間から飛び立っているオスプレイを見ている人たちがだまされるとでも思っているのだろうか。

戦後68年間、沖縄は虐げられてきた。外交の失敗としか言いようのない尖閣諸島の問題にしても、沖縄無視は明白である。少なくとも国民に危機が迫るような外交はあってはならない。自民党の長期政権下で、沖縄はずっと被害者だった。耐えに耐えてきたことが権力側にはいまだ見えていない。いや実際には見ようとすらしなかったのだ。

エジプトで起きていること、シリアで、アフガニスタンで、トルコで、地球のあちこちで起きていることのすべてに大国のエゴイズムが関わっている。日本も同じ偽善国家である。今や三権分立などまさに絵に描いた餅にすぎない。

だが絶望するのはまだ早い。私はそう思い直そうとしている。もし今回の参院選で奇跡が起こるなら、沖縄発の変化しかない。現在の日本にあって唯一の希望を沖縄に託すしかない。未来のためにも。

２０１３年7月15日（矢崎）

23

24

「自由な国」の複雑怪奇

２０１３年夏、参議院選挙の結果に落胆していることは言うまでもない。福島原発からは時々刻々、気が遠くなるほど多量の放射能汚染水が海に流出している。それでもなお、原発推進ないしは許容の政党が、はっきりと政権を握った。沖縄を押さえつけて基地を背負わせ、憲法を変えてこの国を二流の軍事大国にし、多国籍食品企業に国民の健康と生産者の生活を売り渡し、若者や老人には自己責任と適者生存を押し付ける、そんな世の中を支持するおとながいるなんて、信じられないけれど、これが現実だ。

それにしても、この結果が、有権者のせめて80％の投票によるものなら、もう少し気分はすっきりするだろう。今回の投票率は52・61％。前回の参院選をさらに下回り、戦後３番目の低投票率だったという。

その原因を、政治通がいろいろと分析している。結果に満足している論者も不満な論者も、争点の評価を主因にしているが、どれを読んでも、そうであるようなないような分析ばかりだ。分析の当否を確かめるすべもないので、とても虚しい。私は、その時々の争点よりも、もっと根本的な問題がある、と思う。

国民意識の差

選挙の少し前に、日本に10年ほど滞在しているという若いドイツ人と話す機会があった。彼女は高校生のころ、軽い気持ちで「選挙なんか行っても仕方ない」と発言した。それを聞いた両親はその場で娘に直面し、投票がいかに重要か、その歴史的、政治的な意義を、2時間にわたってせつせつと訴えた。感じ入った彼女は、涙ながらに発言を取り消し、なにがあっても必ず投票する、と両親に約束した。

「だから、おとなになってから投票を欠かしたことはありません」。寄席芸に惚れ込み、学業のかたわら外国人に落語や演芸の紹介をしているという彼女は、ドイツ人のおとなは大体、我が両親と同じ考えだ、と言った。

若い者が選挙を軽視するのは世界共通なのかもしれない。私もそうだった。だが、その先が違う。私の場合、そう口に出しても、周囲のおとなは叱りも怒りもしなかったので、1968年夏に選挙権ができても、なんら悩むこともなく、投票には行かなかった。それが必ず行くようになったのは、ウーマンリブの波に乗ったおかげだ。そのなかで参政することの意義、投票することの意義を学んだ。覚えていないが、初投票は74年前後だったろう。

24

24

２０１2年から13年にかけて選挙があった49カ国の投票率ランキング（ＩＤＥＡデータより「勝つ！　政治家．ｃｏｍ」が作成）を見ると、日本は39位だ。別のサイト（ネットワーク『地球村』）によると、「最近の国政選挙など」での投票率は、見事に人権感覚の鋭い北欧諸国が高く、スウェーデン85％、アイスランド83％、デンマーク82％、ノルウェー75％、フィンランド70％。ドイツも71％で北欧なみだ。先のドイツ人のエピソードからうかがえるように、投票率は広い意味での国民教育が育む国民の意識によると見える。

低投票率の理由は

義務投票制をしき、罰金や選挙権制限などの罰則を設ける国もあって、その7カ国では81％から93％と、目立って投票率が高い。一方、イギリス66％、フランス57％、アメリカ54％（そして日本の五十数％）という「自由な国々」の投票率の低さは、あたかも、強制しなければ国民有権者の半数弱は投票をさぼる、という原理を表しているかに見える。

しかし、そうでないことは、義務制のない北欧諸国の高投票率が証明している。「自由な国々」の間のこの高低差はなんなのか。ひとつは先に見た、参政することについての国民の意識だろう。もうひとつは選挙方法にあると思う。

「自由な国々」の傾向のようだが、名簿式の採用で選挙が複雑怪奇になった。おかげで有権者は、何区の候補は誰か、誰に自分は投票できるのか、どの投票箱にどの票を入れるのか、その票は果たして誰に行くのか、を判断するのが、ひどく煩わしい。票の行方が複雑であることが、有権者の投票意欲をそいでいるのは間違いないと思う。

こんな方法では、考えなくていいひとたち、党や団体の決定に従えば万事ＯＫの、組織されたひとたちばかりが投票におもむくのも当然だ。争点や他の要素もあろうが、票の行方の複雑さ、これが根本的な問題であるに違いない。

これを改善しない限り、期日前投票もインターネット投票も、投票率を上げる足しにはならないだろう。ほとんど投票権の妨害に等しいこの選挙制度は、しかし、もっと悪くなることはあっても、よくはなるまい。なぜなら、選挙制度を決めるのは議員たちであり、彼らの多くには、意のままになる組織票のほかは、邪魔なクズでしかないのだから。

２０１３年８月19日（中山）

24

9条を世界に発信せよ

25

日本国憲法9条

1項　日本国民は、正義と秩序を基調とする国際平和を誠実に希求し、国権の発動たる戦争と、武力による威嚇又は武力の行使は、国際紛争を解決する手段としては、永久にこれを放棄する。

2項　前項の目的を達するため、陸海空軍その他の戦力は、これを保持しない。国の交戦権は、これを認めない。

この条文を初めて目にした時の感動を忘れない。まだ中学生だったが、これほど胸に響いた文章を読んだ記憶はなかった。今の若い人には古くさい文体に思えるだろうが、私には新鮮そのものだった。声に出して何回も読み、たちまち暗記したことを覚えている。

敗戦のショックは大きかったが、それより戦火の恐ろしさが上回っていた。9条は間違いなく平和で自由に生きる希望を与えてくれた。もう戦争はしない。人類が一歩理想に近づいたという確信が持てた。

それにもかかわらず、自衛隊という名の軍隊ができて、2項の前半は有名無実となった。返還後の沖縄には米軍基地が居座り続け、核爆弾が配備されている。

それでも憲法9条があることによって、68年間平和が保たれている。もしこれが失われたら、少年の抱いた希望は消滅してしまう。私はしがみついても、憲法9条は守りたい。絶対に手放すわけにはいかない。

大国のエゴ

今、世界は戦争の危機に直面している。7年後のオリンピックに浮かれている場合ではないのである。シリアの内紛をめぐって世界は真っ二つに割れている。化学兵器の使用を理由にオバマ政権は空爆を主張する。地上戦にせず一時的なものだと言うが、果たして効果はあるのだろうか。

これをきっかけに戦火が拡大する可能性の方が大きい。何しろ中東には、あちこちに火薬庫が存在している。一触即発の状況がずっと続いているのである。

国際紛争を武力で解決しないとする日本国憲法こそが正しいと思う。武力の衝突は意味を持たない。現代のような強烈な戦力は、そのまま地球を破壊しかねない。アメリカ

25

25

とロシアによる核弾頭削減にしても、遅々として進まない。実際には核の抑止力などもう通用しない時代になった。

つまり、戦争は絶対にやってはならぬということを、世界のあらゆる国が自覚すべきなのだ。それ以外に方法は他にないと私は思う。

20世紀は、まさに戦争の世紀だった。大国による植民地支配がピークに達し、世界地図はめまぐるしく塗り替えられた。東アジア、中近東、アフリカは独立を果たした国々が貧困に苦しみ続けた。大国のエゴイズムが援助と引き替えに隷属を強いる。裏側で別の大国が支援する。こうした構図がいつか定着してしまったのである。

戦後復興と憲法

1940（昭和15）年、日本は皇紀2600年を迎えた。国威高揚を図る式典で日本は領土を確定する。北は千島・樺太から朝鮮半島、満州。南は台湾、太平洋諸島。本土の約3倍を領有した。だが真っ赤に塗られた世界地図の中の日本を誇ったのもつかの間だった。

5年後の敗戦で北方領土はソ連に奪われ、その後南北に分断された朝鮮と台湾は「独立」し、満州は中国に帰属する。沖縄を筆頭に太平洋の島々も米国に占領され、日本列島だけが残った。当然の報いでもあった。それでも民主主義国家として復興を果たすことができた。いろいろな問題はあるにせよ、とにかく平和が続いた。冒頭に書いたように憲法九条があったからである。

そこで、提案したい。日本発世界へ、9条を今こそ発信しようではないか。

武器を捨てて、紛争に終止符を打ってほしいと、今こそ誇りを持って高らかに宣言する。きっと同調する国があるだろう。戦争はもうこりごりなのだ。武力の行使では解決しないことを世界中に示すしかない。

「核のない世界」と宣言して、オバマ大統領はノーベル平和賞を受賞した。「戦争のない世界」と一介のジャーナリストが叫んだとしても効果は期待できないが、9条にしがみついて、その姿勢をアピールすることは可能である。

東京オリンピックを招致するに当たって、安倍晋三首相はたくさんのうそをついている。日本は安全でもなければ、安心はどこにもない。福島の原発事故は今後も被害が拡大するだろうし、日本列島は放射能に汚染されている。選手村に予定されている東京湾の埋め立て地は、巨大地震で液状化するかもしれない。私は、今も2020東京オリンピック開催に反対している。

2013年9月16日（矢崎）

25

「くとぅばのあまい」考

26

美容院は女性週刊誌を検分する場でもある。小さなコラムの「ちなのあまいや〜」という見出しに気を引かれた。文字がやや大きかったこともあるが、意味不明だからでもあった。なんでも不思議なものは見過ごせない。

まずは「チナの甘いや」と頭に浮かぶ。これしか出てこない。だがチナとはなんぞや？幼いころ、私はチナちゃんと呼ばれていたが、当然、関係ない。もしや沖縄弁では？と思ったのは、「や〜」がなんとなく沖縄弁ふうに見えたからだ。内容を読んだ。当たりだった。それは「琉球ユタ」を名乗る占い師のコラムで、毎回、沖縄のことわざを紹介しているらしかった。見出しはことわざの一部だったのだ。全文は、

「ちなのあまいがちかりーしが、くとぅばのあまいやちかーらん」

標準語による訳を読んで考えこんでしまった。沖縄との距離について、だ。九州で生まれ2歳から10歳まで大阪で育ち、カンレキまで東京、今は伊豆。仕事柄、よく旅もした。いろいろな方言に通じる機会は多かった。しかし沖縄弁ばかりは！

遠い沖縄

何度も噛《か》みしめると、ツナ（綱）のツがチになり、アマリ（余り）のリがイになり、コトバ（言葉）のコがクゥになっているのはわかる。

「アメリカ世」では標準語のヨがユになり、オキナワがウチナーになるのを思い出して、標準語の母音オが、沖縄弁ではウに置き換わる法則があるのかも、と思う。チカリーは、「つか（使）える」のツがチになって、カエルがカリーと短縮したのだろうと推測できる。

しかし、「ナニナニは」のハが、ガだったりヤだったりする、その違いはなにか、「使えない」がチカーランとなる法則はどうなのか、となると、さっぱり見当もつかない。見出しは「ちなのあまいや〜」、本文では「ちなのあまいが」、この違いが、誤記なのか意味があるのかさえ、判断つかない。

かくも沖縄弁は私には遠い。日本領土内に特有の言語のなかでは、文法そのほか言語の根幹が日本語と異なるアイヌ語は別格として、沖縄弁が一番遠いかもしれない。もっとも、鹿児島弁や四国の方言も、沖縄弁に負けず劣らず馴染みが薄い。それなのに、あまり気にならないのは、それらの方言では、使い手たちが、標準語同化政策にスムーズに適応して、方言を主張することをほとんどしなかったからではないだろうか。主張がないと、他地域のものは、その方言を容易に無視できるし、めったに不便も感じない。

気にならない。

個人的な問題も大きいかもしれない。難解なことでは沖縄弁と一、二を争う津軽弁を私はかなりよく解するし、少しは喋《しゃべ》ることもできる。ある環境問題にかかわって、一時期、津軽のとある村人たちと話し合うことがよくあった。それに、伊奈かっぺいなる芸名の津軽の芸人（本業はサラリーマン）と友だちで、津軽弁による彼の詩や漫談をよく聞いた。だから耳慣れしたのだろう。残念ながら鹿児島や四国、沖縄では、そんな機会がない。むろん、沖縄ポップスは大好きで、原語でもたくさん聞いているが、ファドを好んで聞いても少しもポルトガル語を習得しないのと同じで、沖縄弁の習得にはつながらない。

しかし、音楽で覚えるのが一番早いだろう。一念発起して、まず、沖縄弁の歌を、歌詞カードの翻訳と照らし合わせながら、原語で覚えこんでみようか。

26

国家に秘密なし

そんなことを考えるうち、頭はいつもどおりのベリーショートに刈り上げ終わり、美容院を出るころには、ことわざの意味について考えていた。縄の余りなら使えるけれど、言葉の余りは使えない。つまり、言い過ぎはなんの役にもたたない。母からよくされた説教を思い出す。「言葉は足りないくらいがいいの。昔から、雄弁は銀、沈黙は金、といってね」。言わぬが花。丸い豆腐も切りよで四角。

折も折、国民に対して国家は秘密を持ってよい、その秘密を喋ったり書いたりした者は犯罪者として処罰する、という法案を、安倍政権が練り上げている。マスコミは非難するでもなく、シュクシュクとそれを報じている。報じるだけマシ、国家機密に関する報道は「くとぅばのあまぃ」、無駄だとばかり、みんなこぞって金色の沈黙に飛び込む、そんな日は迎えたくないものだ。

国家は秘密を持ってはならない。国民には、国家のすべてを知る権利がある。いや、義務がある。自分があずけた権力を、国家がどうふるっているか、知っておかなければいけない。悪事に走りそうになったら、止める責任があるのだから。国民に対して隠し事をしないでは、外交できない、国民を守れない、というのは、公務員として能力がないだけだ。あるいは、その努力をしたくない怠け者だ。即刻、公務員を辞めてもらおう。代わりたい者はいくらでもいるではないか。

そして私たちは、なんでもかんでもいつでもどこでも、大いに自由に喋《しゃべ》るのだ。

2013年10月21日（中山）

26

秘密保護法案を廃棄に！

ドイツにヒトラー政権が誕生したのは今から80年前である。ヒトラー率いるナチス党は独裁色を強めて、第2次世界大戦への引き金になった。今まさに安倍政権がやろうとしていることが、それと全く同じである。国会で過半数を得た自民党が独裁色を強め、第3次世界大戦への道を歩み始めようとしている。

決して大げさな話ではない。その証拠になるような法案が国会へ出されているのである。その「特定秘密保護法案」という聞き慣れない悪法が日本を破壊しようとしている。安倍首相は直前に日本版NSCともいえる「国家安全保障会議」の設置法案を衆院で可決させ、参院へ送付している。独裁体制を構築するために「特定秘密保護法案」と両輪を成す法律を制定しようとしているのである。

民主主義の破壊

もちろん気付いている人はたくさんいるだろうが、「特定秘密保護法案」ほど恐ろしい法案はかつて類を見ない。内閣総理大臣や閣僚が、国家にとって秘密にした方がよいと判断した事項を特定し、これを漏らした者と知った者を処罰するという。もし法が成立したならば、憲法で保障されている言論表現の自由はたちどころに侵害され、国民の知る権利は根こそぎ奪われてしまう。さらに国会議員の国政調査権は有名無実のものになる。

しかも秘密に特定された事項は5年ごとに更新可能で、30年を超えても保護されることがある。つまり永久に歴史上から事実が葬り去られる可能性があるのである。これが独裁でないわけがない。

はっきり言って、明らかに民主主義は破壊され、平和憲法は完全に無力化させられてしまう。秘密の範囲が広くかつ曖昧そのものだから、外交・防衛に限らずあらゆることが対象になる。独裁者の思うままになってしまう。安倍晋三はヒトラー・ユーゲントの生まれ変わりではあるまいか。

なぜ今、「特定秘密保護法」が日本に必要なのか。自衛隊の軍隊化・強力化を図って、再び軍国主義国として名乗りを上げようとしているとしか思えない。中国との確執を煽《あお》り、テロの恐怖を喧伝《けんでん》する。永久にアメリカによる隷属に甘んじる現状を、軍事大国を目指すことで脱皮するつもりなのか。とにかく安倍首相の頭の中は危険な腫瘍に占拠されているようである。

27

27

かつてヒトラーが第1次世界大戦の敗北をてこにして独裁国家を作り上げたように、安倍政権もまた新たな戦争によって失地回復を企《たくら》んでいるに違いない。私たちはまさに暴挙に巻き込まれそうになっているのだ。「特定秘密保護法案」を廃棄にしなければ、この国はどうなってしまうか分からない。もちろん多くの国民は同じ気持ちだろう。直近の世論調査によれば80％以上の人が、危惧を表明している。それにもかかわらず無理やり短期間の臨時国会での通過をもくろんでいる。絶対に許してはならない。今、まさに私たちにとって正念場だと思う。

情報コントロール

安倍政権は憲法改悪を公然と宣言している。その中で天皇を元首とし、戦前のように神格化しようとしている。さらに平和憲法の大切な骨子でもある第9条を破棄することすら眼中に入れているのである。

天皇が主催する秋の園遊会で、山本太郎参院議員が天皇に直接手紙を渡した。これに対してほとんどの政党は議員辞職を口にしたのである。何という時代錯誤か。子供じみた行為であったにせよ、山本議員の行為は何ひとつ問題はない。安倍政権が天皇および皇室を政治利用していることは目に余る。ことに東北の被災地へは正確な情報も伝えずにしばしば慰問の労を天皇、皇后および皇族に託している。山本議員が本当の被災地の状況を天皇に伝えたいと考えたとしても不思議ではない。

日本は放射能に汚染されている。政府によるコントロールなど何ひとつ効果を発揮していない。汚染水は海へ流され、魚介類は収穫されても市場には出ない。チェルノブイリは福島第1原発の10分の1程度の放射能汚染にもかかわらず30年後の今も苦しんでいる。

政府や東電にだまされているのは堪《たま》らない。オスプレイの問題についても、ついに沖縄は蹂躙《じゅうりん》されたまま受け入れさせられている。政府自民党は国民のことなど何ひとつ考慮していないのである。

戦前は「治安維持法」という特高警察の横暴をほしいままにした法律が存在した。しかしこの最悪な法より、今審議中の「特定秘密保護法案」は数倍も恐ろしい人権無視の法なのである。これまで幾度も権力から煮え湯を飲まされたことを決して忘れてはならない。

戦後68年、私たちはペテンにかかってきた。政府が抱えている借金１１０１兆円を負担させられるのもまっぴらである。安倍ユーゲントの軍靴の音は聞きたくない。

２０１３年11月18日（矢崎）

27

秘密法と1票の格差

28

報道がペンを奪われた第一歩として、2013年12月6日は後世の年表に残るだろう。いったい政府は、どんな秘密を持つために、こんなに曖昧な規定からなる法律をでっちあげたのか。

国家経営はすべて国民に明らかでなければならない、という民主主義国家の理念に反して、これまでも一部の政治家と官僚は、いろいろな秘密を保持してきた。それを、堂々とやりたくなったのでもあろうか。だとしたら、この国はもう、民主主義国家ではない。

もちろん、私に言わせれば存在そのものが反民主である国家のことだから、国家機密の保持を認めるのが国際的な常識になっている。それでも、国連では、国民の知る権利を可能な限り損なわないように、こうした秘密保護法のガイドラインを提示している。そのラインからさえ、安倍政権製の特別秘密保護法は大きく逸脱している。政府が好きなだけ秘密を持てるように。それを漏らしたり暴いたりしようとするひとを、存分に脅迫し、したひとを思うさま処罰できるように。

この悪法は、政府が指定した「特定秘密（その漏えいが我が国の安全保障に著しく支障を与えるおそれがあるため、特に秘匿することが必要であるもの）」を扱うひとやその周辺のひとびとを、常に調査・管理する制度を決めている。これから、日米安保と関係の深い沖縄などでは、県知事や市長以下自治体の人間、そして報道機関の人間が、常に政府の監視下に置かれることになりかねない。

いずれにせよ、秘密国家がただの悪夢ではなくなってしまったのだ。秘密保護法の罠にかかったひとたちを、援助し救済する人民戦線を、早速、作らなければなるまい。

民意を歪める政治

それはそれとして、国民の大半が反対している法案が、かくも簡単に成立してしまうとは、暗然とする。原発政策にも同じ感慨を持つ。福島原発事故でその実態を知ってから、推進意見を持つ国民は激減した。特に金より命を重視する庶民は、だれひとりとして原発の推進ないしは継続を望んではいない。それなのに、政府は一部経済人や世界の原発企業の意向を忖度《そんたく》して、ややもすれば推進の構えだ。民意が正しく政治に反映していない。

私たち民の意見は選挙で反映されることになっている。しかし、選挙に勝って政権を取ってしまえば、民意を無視してやりたい放題。当選してしまえば鞍替《くら》え脱党好き勝手。

28

28

これが民意を歪《ゆが》めている最大のポイントだろう。

最近、相次いで、1票の重さの違いを違憲として改善を求め、ついには、そんな状態での選挙結果を無効とする判決が出た。選挙区ごとの有権者数と選出議員数の対比の差が、選挙区による票の軽重を産み出す。その対比を均一にし、1票の重さを平等にしようというひとびとの長い運動が、やっと実を結び始めたわけだ。これも、選挙権の平等を求めながら、民意を正しく反映させるための貴重な運動のひとつだろう。

幅利かす院内会派

けれど、浅いながらも参議院議員を務めた経験から、これだけでは絶対に、票の格差は正されない、と確信する。なるほど、この点が完全に改善されれば、当選時の票の不平等は解消し、その意味で民意は正しく反映される。ところが、議員たちが国会に入ったとたんに、票の格差は爆発的に大きくなる。議会運営の慣習によって、議会内での議員の発言権が、さまざまな形で厳しく差別されるから、しかもその際、各議員の得票数は一切忖度されないからだ。

院内会派と呼ばれるグループ（多くは政党と重なる）が議会運営の単位になっているのが曲者《くせもの》だ。議員数の多い大会派ほど権利が大きく、ひいては所属議員の権利も大きい。

どの会派にも属さない議員の権利は無に等しい。逆にメンバー議員の総得票が微々たる小会派でも、大会派と連合会派になれば、各議員の権利は大きくなる。大会派内でも、得票には関係なく、派閥やなにかで権利に差がつく。結局、院内で権利の小さい議員の1票は、大量得票であればあるほど羽根のように軽くなり、権利の大きい議員の1票は得票数が少ないほどずっしりと重くなることになる。

衆議院選挙は政党への投票のみにして議会運営は政党単位で、参議院選挙はひとへの投票のみにして議会運営は議員単位で、どちらでも権利の大小は得票量に従う、とするのが二院制で民意を正しく反映するための一案だ。

こうした慣習や秘密法の元になり、民意の正しい反映を妨げているのは、良く言えばエリートの思いやりだろう。彼らは、民意を無知で浅はかなものとして、信頼しない。民意を正しく反映などしたら、日本国は潰《つぶ》れる、国民は路頭に迷う、自分たちが正しい道に向けてやらなければ、と自負する。それがかつて国民を戦争に導いた。原発被災に導いた。同じ地獄でも、民意が導く地獄のほうが、よほど民は楽にちがいない。そう私は思うが。

2013年12月23日（中山）

28

亡国安倍政権の終焉

29

1月2日に満99歳になったジャーナリストのむのたけじさんは、昨年末に開催された新宿・紀伊國屋ホールの講演会で「一日も早く安倍政権を倒せ！」と絶叫した。安倍晋三首相の靖国参拝を強く批判しての発言である。

むのさんは第2次世界大戦に従軍記者として朝日新聞社から中支へ派遣され、敗戦直前に帰国。自らが戦地から送った記事が全く報道されなかった事実を知って、会社に戦争責任を求めた。もちろん聞き入れられなかった。それればかりか朝日新聞は手のひらを返したように旧体制のまま新聞の発行を続けたのだった。

辞表を出し、郷里秋田県の横手に帰り、1948年「たいまつ」という個人新聞を発行する。休刊するまで30年間毎週発行を続け、反権力、反体制、反権威のジャーナリストとして健筆を振るった。（近著に岩波新書『99歳一日一言』がある）

安倍晋三が暗愚の宰相であることは、私も再三指摘してきたが、今回の靖国参拝によって確実なものになった。ついに世界の孤児への道を選択してしまったのである。空気が読めないというより戦前の大東亜共栄圏の危険を顧みようともしない。

A級戦犯を合祀《ごうし》して以降は、象徴である天皇すら靖国参拝を拒否している。まして中国、韓国の反対を押し切ってまでやることに何の意味もないことは歴然としている。それればかりか、同盟国アメリカを筆頭に、ヨーロッパ諸国やロシアからもひんしゅくを買ってしまった。あえて日本を危うくする総理大臣が存在することを私たちはどう捉えたらいいのだろうか。

29

だまし絵の政策

アベノミクスの三本の矢が成功を収めていると錯覚しているようだが、無謀な日銀による金融緩和が砂上の楼閣にすぎないことは誰でも知っている。それればかりか作為的な円安、インフレ経済への促進と危険だらけである。

加えてNSC国家安全保障会議と特定秘密保護法の成立によって、憲法を平然と蔑《ないがし》ろにしている。暴挙はこれだけではない。沖縄の名護市辺野古の埋め立てについては、仲井真知事をだましてまで実現を図ったのである。公約違反どころか、これほどのインチキは見たこともない。どこまで沖縄県民、いや全国民をペテンにかけるつもりなのか。

苦し紛れの仲井真知事は「公約違反に当たらない」「実現までには9年以上の歳月がかかる」「沖縄に毎年3千億円の予算が下りることで振興する」などのアベノペテンに

くみしているが、とんでもない話ばかりである。その証拠が普天間基地が17年間放置されてきた現実そのものなのだ。

4月には消費増税によって国民生活はどん底になる。既に日本の赤字国債は1千兆円を超えているのだから、実際には待ったナシの状況なのである。貧富の差は拡大するばかりだ。

安倍首相は東南アジア10カ国に対して多額の円借款を約束している。本来なら親しく遇さなくてはならない中国、韓国、台湾を逆に包囲しようとする外交方針なのだから、先行きは真っ暗である。私たち国民は塗炭《とたん》の苦しみを味わうことになるだろう。

29 繰り返す世襲と歴史

安倍晋三に注目すると、北朝鮮の金正恩が背後霊のように浮かび上がってくる。つまり自分勝手な強硬姿勢によって、何らかの好条件を相手国から引き出そうとしてだだをこねているようにも見える。

年末から年始にかけて、ゴルフ三昧《ざんまい》、グルメの食べ歩き、自画自賛の交友の毎日を安倍晋三は楽しげに送っていた。側近に対して「支持率だって回復しつつある。すべては時間が解決する」などと軽口をたたいてはばからなかったというからあきれてしまう。

野心家は犯罪者に最も近い存在でもある。史上最高得票で都知事になった猪瀬直樹の失脚がそれを証明している。恐らく近い将来、安倍晋三が猪瀬直樹に続いて馬脚を現す日が来るに違いない。

寒気のする世襲国家。北朝鮮のことではない。岸信介と吉田茂を祖父に持つ2人が総理大臣と副総理の椅子に腰を下ろして閣議で談笑している。これだけでも不気味かつこっけいそのものではないか。

1919年ベルサイユ条約で第1次世界大戦に敗れたドイツは、世界に己の非を認めワイマール憲法を制定した。第2次世界大戦に敗北した日本が平和憲法を発布したことと同じである。しかし、ナチスドイツはヒトラーによって改憲して再びファシズム国家として復活し、奈落に沈んだ。

安倍もまた同じ轍《てつ》を踏もうとしているである。このままでは日本は終わる。安倍を野放しにしてはなるまい。今の日本はやはりおかしい。亡国の安倍政権を一日も早く終わらせようではないか。

2014年1月20日（矢崎）

29

アイヌは生きている

30

沖縄の気候が恋しい。寒いのだ。全国ニュースになったからご存じかもしれないが、8日、関東甲信地域に大量の雪が降った。都心では、27センチ積もったとかで、これは45年ぶりの記録だそうだ。

伊豆半島の付け根に位置する我が家も、ちょっとした吹雪に襲われた。11日現在、まだかなりの残雪があり、今朝はまたちらほらと雪が舞っていた。街はさほどでもなかったようだが、ウチは標高230メートルの元ミカン畑にある。日頃から、海際の街より気温が1~2度低い。それに、環境保護の覚悟を磨こうと、なるべく空調の無い暮らしを心がけているので、この間の寒いこと寒いこと。

しかし、この大雪は、いくらか私のせいであるような気がしている。2月初頭、仕事(講演)で帯広に一泊した。当然、雪景色だったが、今年は少ないとかで驚くほどのことはなかった。いくらか気抜けして戻ったら、連日、こちらが雪の予報。そして大雪。なんだか私が雪を引き連れて戻ったようではないか。

北海道は、中学の時、やはり仕事(映画のロケ)で訪れたのが最初だった。その後、友人のログハウスがある日高に数回、ムツゴロウこと畑正憲さんを訪ねて厚岸の「動物王国」へ1回、そのほか都合、8回ばかり行っている。近年では、8年前に旭川、3年前に函館を訪れた。8年前はまったく、3年前もさほどではなかったけれど、今回ははっきり変わった。北海道を見る私の目が、変わったのだ。

百年前への想像力

帯広郊外の雪野原を車で走っている時、路傍に「渡道百周年」の石碑を建てる村があった。前なら、渡道という言葉を面白く思い、開拓からまだ百年か、とでも思ったことだろう。そのあたりはかつて巨木が林立していた、それをすべて切り拓き、この広大な畑地にした、と聞いた。前なら、もっぱら開拓者の苦労に思いを馳せただろう。観光名所になっている広尾線幸福駅を見に寄り、隣は愛国駅だと知った。前なら、地名だという愛国の由来に興味を持ち、今は「愛の国」と読まれていることを喜んだかもしれない。だが今は、そうした思いや感慨もあるにはあったが、それらを圧《あっ》して別の考えが立ち上がった。

　百年前といえば、私の祖父母が生まれたころだ。この地の開拓に追われたアイヌは、私の曾祖父母や祖父母の世代だったのか。アイヌの知人は「私が小さい頃はまだ一抱え

30

もある巨木がたくさんあった」と記憶している。開拓者の汗の結晶である広大な畑地は、アイヌにとっては木々さえ侵略された風景なのだ。そこを流れる札内川のサツナイは、乾いた川を意味するアイヌ語だ。明らかに日本語である幸福や愛国地域を、知人であるアイヌの父母や祖父母は、なんと呼んでいたのだろう。

こんな視点が私にできたのは、はっきり個性を持ったアイヌのひとびとと知りあったおかげだ。母の世代、私と同世代、私より若い世代のアイヌたちが、被侵略民族であることに苦しみながら誇りと勇気を持ち続け、生き、市や国や国連とチャランケ（交渉）している。

一部学者が主張するように、アイヌは滅びた、とは思っていなかったものの、ではどうしているのだ、とも思わなかった私にとって、彼らの顔、声、活動は、アイヌという先住民族の、存在ではなく現存を、具体的に確信させて余りあるものだった。

先住民族の権利意識

生きているから運動も活性化する。足立区で起きたあまりに酷《ひど》い差別事件をきっかけに、東京在住のアイヌが立ち上がった。私と同世代の旭川の川村シンリツ・エオリパック・アイヌらが合流し、地域の市民団体や労組も加わって２００４年、アイヌ・ラマット実

30

行委員会を設立した。それまで北海道内に限られていた運動が、アイヌの現状にふさわしく、全国規模のものになったのだ。この流れの中で、国連がアイヌを（そして沖縄人を）「先住民族の権利に関する国連宣言」（２００７年採択）の先住民と認め、日本の国会もアイヌについてはその線にそった決議を可決した(２００８年)。私が彼らと出会ったのも、この新しい流れの中だった。

今、彼らは、祖先の遺骨の返還を、国と全国の大学に求めている。先方もやっと対応に乗り出した。全国の大学は莫大な数のアイヌの骨を持っている。国や大学にそれは、いまだに人類学の研究資料として、正当な所有権のあるものと見えているらしい。だが、それは、かつての日本のアイヌ侵略政策、差別政策があってのことだ。検体に提供されたわけでもないのに、日本人の骨を墓から掘り出して研究室に陳列するなど、ありえないだろう。そんなことを甘受する日本人はいないだろう。

アイヌたちは今、アイヌ（人間）であれば当然の憤りと権利意識を持って、チャランケにかかった。国と大学は、この際、過去をアイヌに謝罪して遺骨をすべて返還するのか、それとも、侵略政策・差別政策を引き継ぐのか。問われているのは日本の知性だ。

２０１４年2月17日（中山）

30

この国に生きる苦痛

私たち人類は地球という天体に棲息《せいそく》している。人々が生活する大地は、大陸、半島、島嶼《とうしょ》の三つに分かれているが、それぞれに約千以上といわれる民族が存在する。言語も習慣も生活形態も違う。現在、国家として存在しているのは206カ国。このうち国連に加盟しているのは193カ国である。

日本は島嶼国である。アイヌ民族、大和民族、琉球民族から成り立つ複合民族国家で、第2次世界大戦後は民主主義を基調とする平和憲法を遵守《じゅんしゅ》している。

沖縄は戦勝国のアメリカに占領され、正式に日本復帰を果たしたのは1972年5月だった。この時、日本国民は佐藤栄作首相率いる政府自民党にだまされたのである。いわゆる密約の存在とともに沖縄差別が現実化し、それは今でも続いている。正当な復帰返還ならば、アメリカ軍は完全撤退しなければならない。それが実行されないまま今日に至っているのである。

それればかりか、日米安保条約の延長継続によって、アメリカの極東における前線基地の役割を日本は担っている。このこと一つをとっても、日本という国は独立国家としての体裁をなしてはいない。

間違いない戦争放棄

戦争放棄という選択は絶対に間違っていない。「敗戦の日」を知っている者にとっては、二度と戦火による悲劇を繰り返してはならないと思ったのは当然である。それから68年経った今、私はあらためて非戦の誓いこそが正しいと思う。

古代から繰り返されてきた戦争は、19世紀後半から20世紀にかけてピークを迎えている。国際紛争を武力で解決しないと決意したことは快挙である。もう戦争はゴメンだという決断を日本が真っ先にしたことを私は誇りに思う。全世界がこれに習ってほしい。

現在、地球には約70億人が生存している。その一人一人に命があり、それは固有のものので、誰もが生きる権利を持つ。人権とはそのことである。武力を持つことそれ自体が人権を無視している。人権を口にするなら、その前に武力を捨てろと言いたい。アメリカ、ロシア、中国といった大国は今日でも軍事力を毎年拡張している。自国を守るという理由で他国を公然と脅かしてはばからない。何という欺瞞《ぎまん》だろうか。

平和憲法を理想主義にすぎないとする考えがあることは承知している。殺人者や破壊者には恐らく通用しない論理だろう。敗戦後の日本が復興したのは、アメリカの核の傘

31

に守られたからだと主張する人も少なくない。だがそれはあくまで仮の事実であり、違う選択肢はあったのだ。目を瞑《つむ》っていただけではないのか。安易なシナリオを日本政府が作ってきたからではなかったか。

増大する負担と不安

安倍晋三の狂気は私たちに苦痛を与えている。アベノミクスの三本の矢は明らかにまやかしである。デフレ解消を理由に金融緩和策をとっているが、日銀が紙幣を刷って赤字国債を買い続けているにすぎない。アメリカも同じことをやっていて、ドル不安は増大の一途をたどっている。4月1日からの消費増税によって、国民生活はめちゃめちゃに落ち込むだろう。

強引な靖国参拝、集団的自衛権への誤った憲法解釈、NHKの私物化など明白な戦前回帰をたくらんでいるとしか思えない。

ウクライナのクリミア半島を実力支配しているロシアでは、同じ黒海沿岸にあるソチで冬季オリンピックが開催されている。プーチン大統領と親交を深めていた安倍首相はばたついている。それでなくても安倍晋三はアメリカからも中国、韓国からもEUからも疑惑の目で見られている。お友達は「漁夫の利」を主張しているようだが……。

オリンピックの偽善は今に始まったことではないが、国際親善でも平和の祭典でもない。そのことがハッキリしただけでも笑える。国家主義に支配されたスポーツなんて楽しむことも恥ずかしい。気の毒なのはアスリートたちである。ウクライナの選手団は不安な毎日をソチで現実に味わっているのである。

この世は矛盾に満ちている。裏で何があったか分からないが、石垣市長選で自民党現職が勝利したことにはがっかりした。安倍政権には勝つべき理由があった。沖縄市長選にも勝利し、年末までに実施される県知事選で公約違反の仲井真知事を再選させ、一気に辺野古埋め立てを実行する計算をしているのは目に見えている。全く民意をねじ曲げる悪党である。

不安なのは、こうした安倍政権に乗せられる若者たちが増えつつあることだ。ネトウヨとかネオナチとかに傾斜する危険に気付かない。それは大騒ぎになっている偽作曲家佐村河内守の事件にも反映している気がする。裏で虚偽のストーリーを作った有名作家や著名な音楽家は陰に隠れたままのインチキ。さらに安倍政権は数多くの社会不安まで助長している。私たちはそうした苦痛とどう闘ったらよいのか。

２０１４年３月17日（矢崎）

31

女性初の選挙参加

32

無理に学ぶのはよそうと決心した。必要があって『あさま山荘1972』(坂口弘著)を開いた。刊行直後に入手したのだけれど、読みにくくて興味が続かず、書棚に放置してあった。それが、最近、ちょっと覗くつもりが、どんどん読み進んでしまった。面白い、と言っては語弊があるが、とにかく、興味深く読んだ。学ぶ所も多かった。

そのひとつに、感性に従うのは重要だ、というのがあった。連合赤軍のみんなは、勉強せねばならぬ、立派にならねばならぬ、の使命感が強すぎて、イヤだなあ、とか、やりたくないなあ、とかの感性を殺してしまった、そこに問題のひとつがあるのではないか、と思ったのだ。無理に学んだ理屈ではなく、ひとを、仲間を殺すのはイヤだなあ、という感性に従えば悲劇はなかった。

そう教えてくれた本にしても、機が熟して、しんから読みたい気になって読んだから、学べたのに違いない。とはいえ私自身は、感性に従いすぎだ、という気もするが。戦後政治についても、もっと知らねばならぬ、という気はあったものの、少し調べにかかるとすぐイヤになり、放置してあった。それがまた最近、機が熟したらしい。調べが進んだ。と言っても、結局は先輩方から聞いた話を確認するだけのことだったが、ざっと聞くのと、自分で興味を持って知るのとは質が違う。

全て米国の管理下

なかでも、女性初の選挙参加が、どんなものだったか、わかってすっきりした。予想外だったのは、それが現憲法施行前だったことだ。敗戦が１９４５年、現憲法草案採択が46年、施行が47年5月３日、それまでは、天皇主権の大日本帝国憲法が生きていた。公選によらない特権階級がメンバーの貴族院も、もちろん生きていた。ただし、ＧＨＱ（連合軍）の名による米国の占領が（沖縄を外して）解けた52年まで、天皇も議会も、すべて米国の管理下にあった。要するに、この間の政治は、いわば米国型大日本帝国憲法によってなされたようなものだ。

そんなわけで、戦後初の内閣は、貴族院議員で外務大臣だったひとが、米国管理下にある天皇の「大命」を受けて総理となり組閣したものだった。まるっきり米国型大日本帝国内閣だ。これが憲法草案を採択し、選挙法を改定して、46年４月10日、戦後初の衆議院選挙を実施した。

そして、その選挙法に、女性参加が盛り込まれていたのだ。男性の普通選挙は28年から始まっていたが、男女平等の普通選挙はこれが初めてだった。われらにとっては記念すべき事件だが、ほとんど語られない。だからまだ謎がある。憲法発布後でもよさそうなものなのに、大慌てで女性参加を実施したのは、どういうわけなのだろう。

それに、この制度では、有権者はひとりに投票するのではなく、2人もしくは3人に投票することになっていたという。何十年も前に先輩からこう聞いたことがある。

「女の議員は世の中にウケなかった。その証拠に、最初の選挙では女がたくさん当選したが、2回目からはがっくり減った……という意見があるが、それは違う。1回目は、2人に投票できる制度だったからだ。1人だと、習慣から男性候補を選んでしまう。2人だと、1票は男へ、1票は女へ、とできるので、女への投票行動を促せる」

そのための複数投票制だった、と先輩は言ったけれども、そう確認はできていない。この選挙で一挙に39人の女性議員が誕生したのは確かだ。でも、たった一度で無くなったこの複数投票制には、ほかにも意味があったのかもしれない。いずれにせよ、手放しでは喜べないチチンプイプイ的施策だった。

いびつな日米関係

それでも女性参政権は、怪我《けが》の功名だ。功名のない大怪我もあった。やはり天皇の「大命」で出発した吉田茂内閣は、マッカーサーによるレッドパージの嵐を追い風に、チチンプイプイ、自衛隊の萌芽《ほうが》である警察予備隊を作り、地位協定と安保条約でいびつな日米関係を作り、現在に至る軍事大国化、米国の軍事基地化をすっかり準備したうえで、1951年の占領解除を迎えた。3歳の私はむろんのこと、民主主義に慣れない国民大衆には、手も足も出せなかったのだろう。

それから60余年。私たちは国民主権に少しは慣れただろうか。女性議員はちっとも増えない。自衛隊は違憲だという声も、涸《か》れ果てて聞こえない。70年の安保自動延長には広範な反対運動が起きたものだが、その後50年は何事も無く過ぎ去った。日米双方、さぞ満足していることだろう。これで沖縄の反基地闘争が鎮静し、原発が継続したら、吉田もマッカーサーもあの世で大笑いだろう。

72年の「浅間山荘事件」を大団円に学生運動は壊滅した。たしかに彼らは、ねばならぬ、で感性を殺し、頑張りすぎだ。けれど、少しはやらねばならぬぞ、と私は私を叱咤《しった》している。むろん武闘はごめんだが。

2014年4月21日（中山）

32

首相の憲法違反を考える

33

タイの憲法裁判所はインラック首相による2011年の政府高官人事を違憲として、インラック氏と閣僚8人を失職とする判決を言い渡した。このため全員がただちに失職し、政治危機が深刻なタイはさらに混迷状態に陥った。タイの首相が憲法裁判所の判決で失職したのは08年のサマック首相に続いて2人目である。

日本の最高裁は、これまで政府高官に対して、一度も違憲判決を出したことはない。ただし1票の格差について、数回の国政選挙で違憲判決を出している。しかし選挙無効にまでは踏み込んでいないので、警告にしかなっていない。他にも度々、地裁、高裁では違憲判決は出ているが、最高裁レベルではいずれも確定されたことはなかった。

日本では違憲のハードルはきわめて高い。ことに政治がからむとたちまち曖昧にされてしまう傾向にある。つまり、憲法が正確に守られていない証明でもあるように思えてならない。

日本国憲法第11章　最高法規

第99条〔憲法尊重擁護の義務〕天皇または摂政及び国務大臣、国会議員、裁判官その他の公務員は、この憲法を尊重し、擁護する義務を負ふ。

安倍晋三という人物は、この条項を読んだことがあるのだろうか。憲法を改正（あるいは改悪）する資格は総理大臣と言えども1ミリもないのである。「尊重し擁護する義務がある」と明記されているではないか。

第9章には「改正」の条項はある。安倍首相が96条を理由に、国民投票による改憲を促進しようとしているのは歴然だが、彼の狙いが第2章の第9条にあることは言うまでもない。

戦争の放棄

第9条〔戦争の放棄、戦力及び交戦権の否認〕1　日本国民は、正義と秩序を基調とする国際平和を誠実に希求し、国権の発動たる戦争と、武力による威嚇又は武力の行使は、国際紛争を解決する手段としては、永久にこれを放棄する。2　前項の目的を達するため、陸海空軍その他の戦力は、これを保持しない。国の交戦権は、これを認めない。

どうか声に出して読んでみて下さい。私はこんな素晴らしい宣言は他に類がないと思う。初めて私が憲法に接したのは中学2年生の時だった。戦争の恐ろしさを知っていた少年として強い感動を受けたことを忘れない。

だがこの憲法は少しずつないがしろにされるようになった。警察予備隊が誕生し、

33

１９５４年に自衛隊法が成立する。反対の声は権力によってつぶされてしまう。自衛隊は軍隊ではないというウソがまかり通ってしまったのだ。

テレビ朝日の「朝まで生テレビ」に出演した時に、私は「自衛隊は憲法違反だ」と主張した。司会の田原総一朗氏は「そんな暴論は通用しない。外敵が攻めてきたらどうする」と反論した。私は「戦争はしないと決めたのだから、放っておけばよい」と答えた。すると田原さんは「ここに16人のパネリストがいるけど、矢崎さん一人ですよ、そんなバカなことを言うのは」とその場を見回した。その時、出演者の一人で精神科医の香山リカ氏が手を挙げて「私も矢崎さんと同じ考えです」と言った。この時、二人だけが日本国憲法に準じたのだ。

既成事実だからそれでいいというのは言語道断である。間違いは直すべきだろう。ましてや今あれこれ議論されている集団的自衛権などは明白な憲法違反である。安倍晋三氏は二重三重に憲法違反をやっているとんでもない国家公務員だ。私から見れば彼はヒトラー並のファシストであり、少なくとも総理大臣の任にあってはならない危険人物である。

はびこる武器輸出

世界は沸騰している。ウクライナ情勢は戦争への導火線になりかねないし、ナイジェリア、シリア、アフガニスタンの内紛は拡大しつつある。それどころかイスラエル対パレスチナ、インド対パキスタンなどの対立は一触即発状態が続いている。加えて南スーダン、エジプト、中国の自治区である新疆ウイグル、内モンゴル、チベットの蜂起、その他にも民族紛争、宗教戦争など数え上げたら危機だらけである。北朝鮮のような怪しい国も存在している。

しかもその背景には武器輸出という大国による乱暴なルーツが厳然とはびこっているのである。輸出国はアメリカ、ロシア、ドイツ、中国、フランスの順だが、そこに日本が参入しようとしている。紛争国は敵味方共に同じ武器で戦闘し、テロリスト集団にも武器は流出する。中には化学兵器もあるというのだから、危険きわまりない。非戦闘員の犠牲者は後を絶たないばかりか、難民は世界各地にあふれているのである。

日本国憲法の重要性は、未来の世界への唯一の希望でもあるのだ。現在、ノルウェーのノーベル平和賞委員会はノミネートされた「日本国憲法」を審査中である。もしノーベル平和賞を日本国憲法が受けるとしたら、受賞者は当然ながら日本国民である。ところが、その代表となると、安倍晋三ということになる。何という皮肉か。

それにしても、第3次世界大戦を起こそうとしている権力者が地球上に沢山《たくさん》いることだけは間違いない。

2014年5月19日（矢崎）

33

号外の存在意義

34

所用で東京へ出て、有楽町のちょっとした広場を歩いていたら、進行方向に、新聞紙を1枚ずつ配布している男のひとがいた。愛想よく、号外です、と言っている。何事か、と新聞紙に注目すると、黒い背景に白抜きの大きな文字で、〈桂宮さま ご逝去〉と読めた。前を通りかかるや、1枚さし出され、思わず受け取った。

これが、号外とはなんであろうか、と考えるきっかけになった。6月8日のことだ。思えば、これが号外配布と出くわした初めての経験だった。

まず、この時代に、なぜ？ と素朴に思った。テレビがある。インターネットがある。電光掲示板がある。しばらく待てば本紙も出る。号外で速報、という時代ではなかろう。配布の量も多くはあるまい。号外とは、わずかな時間を先取りし、わずかな人々に報じるだけのものに見える。早く多く、の電子マスコミ時代には、まったく無用なものではないか。

次に、速報の意味が不明だった。これが天皇のニュースだったなら、わからないでもない。憲法第1条にうたわれた象徴天皇の生死であれば、公器たるもの、拙速でもいいからいち早く国民に報《しら》せたい、という姿勢は理解できる。しかし、その他の皇族の死で号外を出すのは、時代錯誤ではないか。これは「右寄り」読売の体質かもしれない、と思った。件《くだん》の号外は読売新聞だったのだ。

ところが、ネットを調べてみると、「進歩的」なはずの朝日新聞も号外を出しているではないか。結局、大本営発表（宮内庁発表）を急いで忠実《ちゅうじつ》に報じる大新聞の体質は、変わっていないということか。

情報操作

記事としては、朝日の号外よりも、読売のそれのほうが、納得がいった。朝日は（ネットで見る限り）単に故人の略歴を淡々と伝えている。皇族を一名士と同列に扱っている、と見れば「進歩的、民主主義的」かもしれないが、それが号外となると話は変わる。今時、民主主義国の国民に、寸暇を惜しんで伝えるべき話だろうか。

読売は様子が異なる。極右をはばかってか、歯に衣を何枚も着せた記事になっているので、簡単には察せられなかったのだが、その言わんとするところはこうだ。すなわち「桂宮の逝去で、昭和天皇の弟・三笠宮の男系は全滅した。よって皇位継承者は（98歳の三笠宮を別にすれば）現天皇の弟1人と、その息子1人のみになった」。なるほどこれなら、

34

象徴天皇の現状にかかわることだから、単なる名士の死を上回るニュース価値を、全国紙が認めるのもわかる。朝日も基本的には、この事実にニュース価値を見て大きく扱ったのかもしれない。

しかし、それにしても号外の意味があるだろうか、という疑問は拭えなかった。本紙でじっくり報じ、論じれば足ることではないか。

ネットで主要全国紙の号外を調べてみた。朝日、読売、毎日（大阪本社）、産経が、号外閲覧サイトを設けている。桂宮逝去の号外を出したのは、朝日と読売だけらしかった。号外の意義について論じる記事は見当たらず、各社とも、実用としてはネット速報に移行しつつある様子がうかがえた。

にもかかわらず号外はある。そして、昔と変わらず、「号外が出た」ということそのものがニュースになり、その事件や人物の重要性を強調する。というより、今や号外の存在意義は、それだけのようだ。つまり、ある新聞が、あるニュースを社会の重要課題として強調するための道具としてのみ、号外はある。そもそも情報の扱いには、リライトや見出しの大小などのなかに、情報操作がどうしても潜むものだ。事件の重要性の強調、というほかに存在意義のない号外では、そうした情報操作の方向が、より露呈する。

34

34

奇っ怪なセンス

その目で近年の号外を閲覧すると、全国紙が、社会の重要課題としたいのは、なにを置いてもまずスポーツだ。世界大会、野球、サッカーの勝敗だ。そして、6月8日の例によれば、大手2紙は、今、一男性皇族の死（ひいては天皇の男系後継者の少なさ）を、社会の重要課題としたがっている。だから号外を出し、その件を「号外が出るほどの重大事」として、世に流した。

一皇族の死にニュース価値は無い、などと言っているのではない。読者によっては大いに関心を持つニュースでもあろう。ただ事実として、それは、多数読者の生活、仕事、人生にほとんどなにも影響ない事件だ。影響ある事件が目白《めじろ》押しのなかで、わざわざ影響のない皇室記事を号外に仕立てて強調する、その報道センスを奇っ怪に感じるだけだ。

今や号外は速報ではない。いわば大見出しのその上をいく強調である。読者としてはそう心得て間違いない。あの日、街角で〔ご逝去〕号外を見た時、戦前の亡霊に会ったような、いやあな気がした。号外を考察してみて、過剰反応ではなかった、と確信している。

２０１４年６月16日（中山）

天皇が守る日本国憲法

35

鳴った鳴ったサイレンサイレン
皇太子さまお生まれになった〜

１９３３（昭和８）年12月23日、天皇裕仁に長男が誕生した。日本中は歓喜にあふれた。同じ年の1月に生まれた私が初めて覚えた歌だった。

それから7年後、紀元２６００年を迎えた日本は、２月11日に紀元節の式典を開催して国威を高揚した。その日は今も「建国記念の日」として祝日になっている。

当時、私たちは少国民と呼ばれ、歴代天皇の尊号を暗記し、日々唱和していた。ジンム（神武）スイゼイ（綏靖）アンネイ（安寧）イトク（懿徳）コウショウ（孝昭）コウアン（孝安）コウレイ（孝霊）コウゲン（孝元）カイカ（開化）スジン（崇神）スイニン（垂仁）ケイコウ（景行）セイム（成務）チュウアイ（仲哀）オウジン（応神）ニントク（仁徳）…メイジ（明治）タイショウ（大正）キンジョウ（今上）までの１２４代を、まるで経文を唱える如《ごと》くに一気に読む。おそらく皇太子明仁も暗唱していただろう。文字も覚えなくてはならなかったから、小学生には難行苦行だった。

神武天皇の即位から2600年を経たとする日本は、翌年真珠湾を奇襲し大東亜戦争に突入した。ドイツ、イタリアと三国同盟を結んでいた日本は戦線を拡大し、第2次世界大戦の火蓋《ひぶた》が切られたのである。

天皇の赤子《せきし》だった総《すべ》ての日本人は勝利を信じて戦った。少国民も戦火の真っただ中にいた。そして敗戦の日を迎える。

同世代への思い

日本国憲法が発布されたのは敗戦の翌年だった。占領軍として日本にやってきたアメリカは、他国の介入を拒否して、日本に進駐し、日本を単独で支配下に置いた。明治憲法を破棄して、民主化する目的で新しい憲法は作ったのである。

統治するために天皇制を利用したに違いない。第1章は「象徴天皇」だった。根強い日本人の天皇崇拝を残すことで民主主義とは相入れないことを承知で、平和・人権を重んじる内容を盛り込んだ。

つまり戦争責任を天皇に問わず、戦争放棄を宣言させたのである。この憲法による平和主義こそが、皇室を守ったと言えよう。身にしみて理解したのは現天皇だったに違いない。

35

70年前、沖縄から長崎へ向かった対馬丸には、疎開児童780人が乗っていた。ところがアメリカの潜水艦に撃沈された。同世代の子どもたちへの思いが、10回目の天皇明仁の沖縄訪問に結びついている。慰霊の記念日に天皇・皇后は深々と頭を垂れた。そこにある非戦の誓いは、平和憲法を守る姿勢に他ならない。これぞ危険きわまりない安倍政権に対する象徴天皇の熱きデモンストレーションだった。

集団的自衛権は明らかな憲法違反である。それを知りながら安倍首相は公明党と手をたずさえて解釈改憲を閣議決定した。天皇明仁の憲法を遵守《じゅんしゅ》する姿にもっと政治家は学ぶべきであろう。

憲法の恩恵

民主主義は時として権力に悪用される。選挙制度そのものをゆがめて、多数を獲得する政党によって独裁が行われてしまう。現在の安倍政権に最も顕著である。世論調査では支持を失っているというのに、政権を維持しているのは奇怪としか言いようもない。

安倍晋三は戦争を知らない。したがって恩恵を受けながら、平和憲法の果たしてきたものに無頓着である。そればかりか、祖父の岸信介は旧戦犯で日米安保の立役者であり、叔父の佐藤栄作は沖縄返還における悪名高い密約の主役だった。偽ってノーベル平和賞を受けた卑劣な人物でもある。その二人を尊敬しているのだから、危険きわまりない存在であることは否めない。

軍国主義時代に対する嫌悪感など微塵《みじん》もないばかりか、中国、韓国に誤った歴史認識による敵対心すら抱いているに違いない。その証拠に総理になってから外遊に血道を上げているにもかかわらず、もっとも近いこの2国に一度たりとも行っていない。むしろ警戒心を持たれることばかりやってのけている。

ここまできたら、安倍政権を打倒するしかない。日本国民は口先ばかりのアベノミクスにうんざりしている。自民党議員の悪質な野次《やじ》が発覚すると、人気取りのために女性優遇政策を発表する姑息《こそく》さには呆《あき》れ果てるばかりである。

滋賀県知事選で反自民候補の三日月大造氏が当選を果たした。十分にストップ・ザ安倍の先兵となりうる。続く福島、沖縄の両知事選もこの流れの中で、自公候補を退けようではないか。

戦争はいらない。もちろん基地もいらない。オスプレイも核も原発も…そう、一番いらないのは安倍内閣だ。それでなくても世界は戦争への危険な道を選択しかねない。平和憲法を今こそ大切にしようではないか。

2014年7月21日（矢崎）

35

密約と秘密保護法

西山太吉という名を久しぶりに見た。7月15日東京新聞朝刊の1面トップ記事だ。〈沖縄密約の歴史　闇に〉〈最高裁「原告に立証責任」〉の見出し。カラー写真は〈記者会見する西山太吉さん〉のアップ。

写真を見ても、なるほど82歳だ、と思うだけで、年を取ったな、という感慨は無い。昔の顔をさっぱり覚えていないのだ。事件当時、写真や映像でさんざん見たはずなのに。どういう事件だったかも、とてもあやふやになっていた。しかしそれは、そもそも当時の私が、そういう頭だったからだろう。

1972年初頭といえば、私は23歳の多忙なテレビタレントだった。芸能マスコミのつけたレッテルが「才女」で、ドラマに歌に司会に作文もこなし、この年の9月には初のエッセイ集を出しもしたが、政治社会についてはまだ興味が薄く、従って知識が乏しく、定見が無かった。

そんな私の頭にも事件は深く刻まれた。どれほどの騒ぎだったか、わかろうというものだ。そして事件の内容を表すキーワードとしてこのテレビタレントの頭に刻まれたのは、「情を通じ」という言葉だった。どういう質の騒ぎだったか、わかろうというものだ。西山太吉という新聞記者が、役所の女性と「情を通じ」て政府の機密文書を持ちださせ、逮捕され断罪された。それが当時の私の理解の概要だ。「情を通じ」という起訴状の用語が、その隠微さから、今なら流行語大賞になるような広まり方をしたものだった。

改めてふりかえると、まさにそのことが西山事件の、いや私たちの不幸だった。

報道弾圧

1971年、沖縄返還協定が結ばれた。自民党第3次佐藤栄作内閣の時だ。その際、日米両国は、米国が沖縄の地権者に支払うことになる「土地原状復旧費用」400万ドルを、日本が米国に支払う、という密約をした。翌72年、田中角栄内閣が生まれる夏より前の、まだ佐藤総理が君臨する国会で、社会党の衆議院議員が、この密約を追及した。むろん政府は密約など無いと言い張ったが、議員は密約を記した外務省極秘電文のコピーを振りかざしていたので、衝撃は大きかった。

政府はまたたくうちにその入手経路を掴《つか》んだ。コピーには、出処《でどころ》を示す情報が厳然としてあったからだ。怒れる佐藤政権は、その事務官と、彼女から入手した記者への報復に、国家公務員法の機密漏洩罪とその教唆罪とをふるった。事務官と記者の間に男女関係があったことも早くに掴んでいた政府は、4月4日に2人を逮捕した時には、もう勝利を確信していただろう。起訴状によって審理はみごとに密約を外れ、機密漏洩の有無そしてその実体に、つまりは「情を通じ」て云々《うんぬん》に集中した。『週刊新潮』をはじめとする右派マスコミがこれを増幅し、報道弾圧として西山記者を支持していた者の多くはしゅんとなり、私たちはただでさえ難解な密約問題よりも、わかりやすい下世話な話に食いついたわけだった。

事務官は終始有罪、西山記者は一審無罪、二審と最高裁（78年）で有罪。そのあと彼は、共闘を続けようと言う少数派のジャーナリストや市民運動家の前から姿を消し、故郷に去って家業を継いでいたと聞く。戦線復帰を促したのは、密約から約25年後、問題の密約文書を米国が法に基づいて公開したことだろう。２００５年を皮切りに、西山さんらは日本に密約公開を迫る裁判を重ねている。米国が文書公開してもなお日本政府は密約の存在を否定し、裁判所は判断を回避した。09年に鳩山内閣がやっと密約の存在を認めたが、その文書の公開を求める西山さんらには、「文書は無い」「いつしか破棄された」との回答で通し、裁判所も奇妙な理屈で政府を支持する判決を重ねた。今年7月14日の最高裁判決はそのダメ押しだったのだ。

36

不死の巨竜

その報に蘇った事件は、スキャンダルまみれの「西山事件」ではなく、国家による深刻な「密約隠蔽事件」として、私に迫っている。そこには、保守政治家の国民主権を無視した国家主権主義が、不死の巨竜よろしくのたうっている。当時、佐藤総理は国会で「国家に秘密はあるのであり、機密保護法制定はぜひ必要だ。この事件の関連で言うのではないが、かねての持論である」と言った。一度インタビューで会っただけだが、彼の真意が日本国の繁栄であることは、疑うべくもないと思う。ただ彼の日本国では、国民は政府のなすがままを受け入れて暮らすべきなのだ。

巨竜は近年、暴挙がたたって断末魔のように見えていたが、財界と公明党の助けに息を吹き返し、秘密保護法を成立させた。この法で処罰される「著しく不当な取材」行為として、72年の西山有罪の判例を政府はあげている。まことに巨竜はしたたかで恐ろしい。秘密保護法が無かろうとも、公務員ではないジャーナリストまで断罪し、毎日新聞もろとも叩《たた》きのめすことができた、その厳然たる事実には、ぺろりと口を拭ってすますのだから。

２０１４年８月18日（中山）

個の時代を生きる

37

国家とは何か。最近の不穏な世界情勢を見るにつけ、あらためて国家についての疑念がふつふつと胸に湧いてくる。

近代国家が成立するまでにはさまざまな紆余曲折《うよきょくせつ》があった。一定の地域、領土、民族などの集合体から派生して、それぞれが独立を果たす。国家の形態も変化し、立法国家、行政国家を経て国民国家へと移行する。それでも内と外に向けられた国家権力は肥大化し、20世紀は戦争の世紀になった。その悲劇は今も続いている。

ウクライナ紛争は混迷を増すばかりだし、イスラエルとパレスチナの危機は収束しない。イスラム国をめぐる動きは中東を分断し、広範囲な戦場を作り出している。そのすべてに大国のエゴイズムが関係しているのである。

アメリカ、ロシア、中国は大量の武器弾薬を紛争国へ送り込んでおいて、停戦や平和を平然と主張する。経済利益をひたすら求めるドイツ、フランス、イギリスに日本もそれに加担しているのが現状だ。こんな卑劣な状況を黙って看過するわけには行かない。

国家主義は世界を滅ぼす。これに立ち向かうには個の時代を確立するしかないと思う。

37 米政府の素顔

安倍内閣が成立させた国家秘密保護法にしろ、集団的自衛権の閣議決定も、国民の70%以上の反対を押し切って作ったとんでもない暴挙である。福島原発による放射性廃棄物の処理をめぐっては、例の「金目《かねめ》でしょ」発言がそのまま実行されている。

普天間基地の辺野古移設は、仲井真知事の公約違反を利用して着々と埋め立てへの準備が進められている。県民、市民だけでなく、大多数の日本国民の反対を押し切って急ピッチで調査が強権的に実施されている。どんなことがあっても辺野古の海を埋めさせてはならない。ジュゴンやサンゴのためにも。

これまでのように日本史の真実は国家によって隠蔽されたままでいいのか。２０１３年の夏、広島、長崎、沖縄を訪れたアメリカの映画監督オリバー・ストーンは、日本の現状を見てオバマ大統領と決別する決心をした。

『週刊金曜日』から刊行された「よし、戦争について話をしよう。戦争の本質について話をしようじゃないか！」というオリバー・ストーンの講演録には、日本国民を人間として扱っていないアメリカ政府の隠された素顔が語られている。

日米両政府による理念なき政治は沖縄を極東における最前線基地として、第3次世界大戦への道を切り開こうとしているのである。この国家間の陰謀に、いかに立ち向かうかが私たちに課せられた喫緊の問題であることは言うまでもない。敗戦70年の節目となる来年こそ、世界から戦争を失くす記念すべき年にしなくてはならない。

もう危険な国家に頼ることも、信用することも断固拒否して、個人による大きなうねりを作り出すしかないのである。

国家越えた個

全米テニスで錦織圭選手が日本人として大活躍をした。松江市に生まれ幼年時代からラケットを手にした彼は、松岡修造コーチに育てられた後にアメリカへ留学し、マイケル・チャンという移民中国人チャンピオンに薫陶を受け、ついに開花した。つまり国際的な存在でもある。ここには国家も国境も民族も越えた24歳の個がある。

スポーツを通じて政治の壁を破って、個としてのプレーヤーたちが大活躍している。これは各分野の文化交流によっても示されている。ようやく個の時代がやってきたのだ。もちろん国の一員として参加する国際イベントであるにしても、前面に躍動するのは個の力であり、参加する全世界の個が切磋琢磨《せっさたくま》した賜物《たまもの》に違いない。そこにこそ「平和」というキーワードが燦然《さんぜん》と輝いている。

唯一残された希望は、ひとりひとりの個なのである。地球上のあらゆる地域から、個が目覚めて権力や偽善を撃つことができれば、国家など消滅する。その日が近づきつつあるように思えてならない。

インドにマハトマ・ガンジーという偉大な人物がいた。彼は無抵抗主義を貫いて凶弾に倒れたが、遺訓として「七つの社会的罪」を遺《のこ》した。

・理念なき政治
・労働なき富
・良心なき快楽
・人格なき知識
・道徳なき商業
・人間性なき科学
・献身なき崇拝

それぞれ当てはめて見るがいい。全身に沁みるではないか。世界で日常的に今起きている犯罪は、ガンジーの教えを守れば雲散霧消するだろう。

名護市議選の反対派1議席減はいささか気になるところだが、強硬派を一掃して県知事選では安倍政権にダメージを与えるしかない。個の力が沖縄を支えることを、心から願ってやまない。

２０１４年9月15日（矢崎）

37

独立論

38

台風18号と19号の合間に沖縄を訪れた。10月8日、本紙主催のフォーラムで、当コラムの相棒、矢崎さんと対談式講演をした。そのための訪沖だった。

前回、沖縄を訪れたのは10年近く前。やはり講演のためだったと思う。その前にも2、3度、何かの用で来ている。いずれも返還後。おそらく1980年代以降。本島ばかり。いや例外が2回ある。遊びに来た。90年代のことだ。この時は本島を無視して、慶良間で毎日スキューバダイビングをした。

熊本で生まれ大阪で育ち11歳から東京暮らし。伊豆半島の伊東市に転居して7、8年になる。その間、仕事柄、ほぼ日本国じゅうを経巡《へめぐ》ってもいる。しかし、何度も訪れた所はそう多くない。都府は別として、沖縄は訪問数が多い県に入るだろう。

しかし、何度訪れても、沖縄は、直接、触れた気がしなかった。それが今回、「沖縄に素手で触った」と感じた。初めて沖縄を見知った気がした。沖縄と私の関係が、一挙に整理された感じだ。今後は、従来のようなわだかまりを通してではなく、直《じか》に率直に沖縄の風物人事に触れられるだろう。

下地はあった。近年、基地反対運動の高まりや国連を動かした琉球民族運動によって、のんきな東方にも西風がいくらか多く届くようになった。おかげで私の生半可な知見も少しは増え、沖縄についての意見もはっきりしてきた。そこへ今回の沖縄で、私は初めて見たのだ。「琉球独立」をのびのびと口にするウチナーンチュたちを。「沖縄人は日本人とは違う」と断言するパンフレットを。

自信と誇り

いずれも、憤怒や怨恨《えんこん》の口調ではなく、自信と誇りが穏やかにあふれる口調だった。ヤマトンチューを前にしてのこんな口調の独立論は、少なくとも私は、初めて見聞するものだった。こちらもつられて、かねてから知り、最近はしっかり自分の意見になっている沖縄独立論を、琉球人相手にのびのびと話した。いわば腹を割った対話を経験したおかげで、沖縄が一挙に実感できたわけだった。

それを今ここでも開陳しようとしているのだが、事前に、国と民族に関する私の考えを話しておこう。日本を例にとるならば、日本国籍を持つものはみんな日本人。沖縄県に住民票を持つ者はみんな沖縄人。これらは行政区の分類による「行政人」だ。同時にひとはみな「民族人」でもある。混同を避けるために、両者は別名で呼ぶのが望ましい。

私は行政上の日本人で民族はヤマト人、というふうに。さて、民族とは、他と容易に区別できる個性的な文化を持つ集団だとすれば、日本人の代表的な民族として、ヤマトはもちろんのこと、琉球とアイヌが存在するのは明白だ。蛇足ながら、世界に「純血」の民族はない。いずれも多少とも混血している。混血ばかりと言っていい。純血がいない、と言ってアイヌの存在を否定する輩《やから》がいるが、彼らは自らの存在を否定しているに等しい。血の濃い薄いにかかわらず、個性的な一文化を生まれながらに継承する者は、その民族の一員なのだ。

　琉球人は、民族とするに値する歴史と、十二分に個性的な文化（言語、音楽、神事など）を保持している。そしてヤマト人が多勢を占める日本政府から、人権蹂躙《じゅうりん》の限りを受けている。「じゅん選手」が思わず打って出たほど琉球語が危機に瀕《ひん》しているのは、その証拠だ。同時に彼の人気は、琉球人意気軒昂《けんこう》の証拠だ。されば琉球独立は自然の流れというものだろう。琉球が独立しても、私は少しも困らない。琉球人の友人知人の望みが叶《かな》えば、とても嬉しい。だから賛成、大賛成。

民主琉球

　ただ、独立して琉球国が誕生するのは、琉球人にとって幸福かどうか疑問がある。私は、国家というものは、根源的に個人人民を踏み潰す悪い装置だと思っているのだ。最良でも必要悪である。琉球国だけが良い国家となるとは信じられない。ならば、国家は日本でもアメリカでも中国でもいいではないか。

一国家のなかに、独立した民族にふさわしい自治権を持って存在する島々、それが最も望ましい民主琉球なのではないかと思う。国家のどれもこれもが、琉球民族を無視し差別し自治権を侵害し続けるなら、その時は琉球国として独立するしかあるまいけれど。

実は他の地方もほとんどはヤマトではない。本来ヤマトとは、ワ人の一種で、奈良京都あたりの関西弁で喋る民族だった。その他は、併合が早かったのと、近代日本帝国のヤマト化政策強行のために、文化の独自性と民族としての自覚を失ってしまい、2級のヤマト、日本国の奴隷と成り果てている地方が大半だ。青森県など東北はその代表だろう。原発行政に見るように、ヤマト政府の差別もひどいし、地方から政府へのゴマ擂りもひどい。各地域が民族的な自覚を持って、地方自治の自立強化に努めなければ、人民は災難を浴び続ける未来になるだろう。

そう考える私にとって、琉球人の自覚と誇りと勢いは、大きな希望だ。

2014年10月20日（中山）

38

県知事選と衆院選

ウユエーサビラ、ウチナーンチュ。

開票と同時にNHKは翁長雄志氏の当確を流した。大差での勝利を確信した私は祝福の言葉を呪文のように唱えた。やった！と思った。

安倍政権は沖縄県知事選を重要視し、あらゆる手段で選挙戦に臨んでいた。是が非でも勝ちたかったのである。普天間基地の辺野古への移設を実現するために、莫大《ばくだい》な補助金を出し、本島縦断鉄道を建設するという夢物語まで流布した。仲井真弘多氏の当選を期したのである。

18年も前に普天間基地返還が日米間で合意されながら、移転先を決められずに今日に至ったのは、政府自民党の怠慢に他ならない。民主党政権が誕生して、鳩山由紀夫首相が県外移設を主張し、実現できずに退陣に追い込まれた経緯もある。

占領下に造られた米軍基地が69年間も存在していること自体が異常なのに、沖縄県民は自ら基地を容認したことはただの一度たりともなかった。

今回の県知事選で現職が勝てば、初めて沖縄県民は基地を認めたことになる。翁長氏は負けるわけにはいかなかった。ここに「オール沖縄」の信条があったのだ。そして勝った。もう辺野古に新基地は造らせない。それが沖縄県民の誇りだ。

一方的な強権

中山千夏さんと私は琉球新報に招かれて、10月7日から9日まで沖縄に滞在した。那覇市で講演した翌日、「辺野古新基地ＮＯ」のデモに参加し、大浦湾を一望するホテルに宿泊、辺野古とキャンプ・シュワブを見て回った。そこで人々の怒りを肌で感じ、意を強くした。安倍政権を倒すには、沖縄の力を借りなくてはならないと、多少マトモなヤマトンチュを代表して私たちは痛感した。

歴史をひもとけば、かつて（１４２９年）、首里に統一国家を成立させた琉球王尚巴《しょうは》志《し》は交易立国を目指した。日本、中国、朝鮮、台湾、東南アジア諸国を交易県として友好関係を促進させた。巴志王の子（第６代琉球国王）が泰久《たいきゅう》だったことにも私はシンパシーを持っているが、それはともかくとして、琉球王朝は武器を持たない平和国家として独立を果たしていた。

ところが徳川幕府ができて間もない１６０９年、幕府の許しを得た薩摩の島津家久が襲来する。戦争の経験がない琉球は数日で降伏し、隷属化されてしまった。しかも琉球を植民地支配することによって、明朝（中国）との交易の利権を奪ったのである。その後、明治政府によって１８７９年に「琉球処分」に遭い、日本国家の沖縄県として統治を受けることになった。

傷つけられた民族は第２次世界大戦では、本土の盾となって米軍の上陸作戦の犠牲になる。占領されたままに27年間を過ごし、１９７２年5月15日にようやく日本復帰を果たすことになった。それまでに、軍用地を巡る島ぐるみの闘争（１９５３〜58年）が起き、復帰すれば基地も核も沖縄からなくなるという望みは密約などによって打ち砕かれてしまった。

まったくひどい話ではないか。誇り高き沖縄人たちは、一方的な強権によっていつの時代も虐げられてきたのである。昔の話と片づけるわけにはいかない。今も同じことを日本政府はやっているのだ。

失政隠蔽選挙

安倍政権は解散総選挙によって、自らの失政を全て隠蔽しようと企《たくら》んでいる。

集団的自衛権の閣議決定（明白な憲法違反）、恐怖の特定秘密保護法、アベノミクスの失敗、政治と金にまつわる女性大臣の失脚、沖縄県知事選の敗北。これらの全部をチャラにしてしまおうという戦略が突然の解散という奥の手だったとしか思えない。つまりこれは大義なき決断なのである。

私は今回の総選挙を「失政隠蔽選挙」と名付けたい。勝てば国民の信任を得たとして、好き勝手な政治をやるつもりなのだ。弱体化している野党に勝ち目はなく、約束の定数削減すら手つかずのままで強行する安倍自民党に投票する者は後を絶たない。

国際会議でオバマ大統領や習主席から相手にされない劣等生の安倍晋三は日本の恥そのもの。それでも支持する人がいて、政権の座は揺るがないなら、これは悪夢だ。

消費増税の先送りなら文句はあるまい。辺野古新基地建設は決定事項。日銀が金融緩和すればデフレは解消する。嘘つき！

毎年、年末に東京・新宿の紀伊國屋ホールで、私がプロデュースする「新宿寄席」を今年も開催します。12月25日（木）午後6時です。もし東京に来る人がいたら、ついでに立ち寄ってください。琉球大学教授の高良鉄美も出演者の一人として登場し、吠《ほ》えます。ほかに江戸家まねき猫、松元ヒロ、山根二郎、三遊亭小円歌、佐高信、永六輔そして中山千夏と私。迷惑な年末選挙を強行した安倍晋三とその一味をコテンパンにやっつけて大いに憂さを晴らすつもりです。

２０１４年11月24日（矢崎）

39

年末の衆院選

40

ふと気づくと頭のなかにある曲が流れている。なにかの拍子にこうなることが、よくあるが、今回の曲は、耳についてうるさい、というのではなく、快い。

きっかけは、沖縄県知事選の結果が出たすぐあとで、たまたま、照屋林賢さんが首里城あたりを案内するテレビ番組をBSで観たことだった。BGMにこの曲が流れた。昔、気に入って、書き物などしながら何回も聞いたものだ。いくせんまんぬ〜くぅとほぎ〜ふしぶしぬ〜ゆがほぉ……

照屋林賢作曲、名嘉睦稔作詞「満天ぬ喜び」。懐かしかったし、その時の私の気分にぴったりの曲だったから、頭のなかにコピーされ、再生されているのに違いない。意味は、漢字まじりの歌詞カードを見ても多々疑問が残る程度しかわからないが（フシブシは痛む節々ではなくて、光る星々なのだ！）、思わず身体がリズムに乗るその曲調は、まさに喜びの歌。

喜びながらも、これからが大変だろうな、と思った。案の定、前知事はイタチの最後っ屁《ぺ》を放って逃げたと聞く。どうにも不思議なひとだ。県民の過半数が反対する政策を、どうしてそう強行するのか。意地だろうか。義理だろうか。いずれにせよ、大多数県民を守る意地ではなく、大多数県民に対する義理でもないことは、遠目にも明らかだが。

争点なき選挙

米軍基地沖縄から脱したい県民にとっては、これからが本番かもしれない。戦中戦後からの島の歴史を思うと、どこまで続くぬかるみぞ、と溜《た》め息が出る。

しかし、日本列島全体がぬかるみ状況ではある。意味のわからない解散総選挙におそわれた。「投票場に備え付けの鉛筆を扱っている会社が、安倍晋三の親戚で、選挙のたびに大儲けしている、狙いはそれだ」という妙に具体的な風評を信じたくなるほど、わけがわからない。このコラムが出る頃には、開票が終わっているだろうけれど、とても「満天の喜び」が鳴り響く結果とは予想できない。

なぜなら、正月が目前のこの時期、有権者はなにかと多忙なのだ。政治が商売ではない者には、選挙なんぞに割いていられる手間暇は無い。あえて「なんぞ」と言う。投票は有権者の権利だ、という正論は、「なんぞ」呼ばわりを許さないだろう。しかし、有権者がスムーズに便よく行使できてこその権利だろう。

おまけに、一般人にはっきりわかり、それなりに判断をくだせる争点が無い。たとえ

40

ば、このまま脱原発か、再稼働して原発維持か、とか、憲法第9条の解釈改憲は是か非か、とか、消費税率引き上げか否か、とか、それこそ辺野古移設中止か強行か、とかなら、有権者の大半は考えるまでもなく、もう意見を持っている。だから選択も簡単だ。この選挙にはそれが無かった。いや、先に挙げたように、多数有権者が憂慮している問題、是非をただすべき問題そのものは、ありもあり、大ありだ。ただ、勇躍解散した当の与党、つまりは喧嘩を売った与党が、それら大問題を、前面に立てなかった。いきおい、喧嘩を売られた野党陣の矛先も逸《そ》れ、対立点はぼやける。われらは目をこすりこすり対立を見極めなければならず、そのうざったさにうんざりし、もうどうでもよくなる。為政者の思う壺だ。

40

選挙管理の杜撰

そう言えば、最近、選挙管理委員会もドウデモイイになってきているのではあるまいか。5日、期日前投票の初日に行った。まず例のように係が、衆院選の投票用紙と共に丁寧な説明をしてくれたのだが、最高裁判事の国民審査には、用紙もくれなければ一言も触れない。問いただすと、「すみません、それは7日からなんです」「はい、何もいりません、いらしてさえいただければ、そのまま投票できますので」。そういえばこの審査についての公報はまだ届いていなかった。しかし離島でもあるまいになぜ2日遅れなのか？　それに行けば投票できるとは、ずいぶんいい加減な。やっぱり、この審査、当局は不熱心なのか。

ところが、審査だけのことではなかった。それから数日後、私同様、期日前投票を済ませた有権者が、あらためて国民審査の投票に出向いたところ、また衆院選の投票用紙をも渡されて、再度投票してしまった、とのニュースがあった。唖然《あぜん》とした。私はごく一般的なノンポリ家庭に育った。だから、違法行為などなにもない親友が家宅捜索を受けるまで、警察に間違いは無い、と思っていた。その事件を経ても、日本の官は優秀で、仕事に遺漏はない、と信じていた。年金記録の大量紛失が明るみに出て大騒ぎになるまでは。

今度は、選挙管理の杜撰《ずさん》が暴かれることになるかもしれない。まさか、昨日今日、民主主義下の選挙を始めたわけではないのだから、とは思うが、最高裁の勧告にもかかわらず、票の格差を改めない政府を見ていると、国政選挙での間違いやインチキも、ありうる気がしてくる。自陣に有利な区割りばかり考えていないで、有権者に便利で、不正できない投票システムを早急に設備するのが先だろう。

２０１４年12月15日（中山）

40

「言論の自由」と「文明の衝突」

41

2015年は敗戦から70年の節目の年にあたる。この年をどう乗り切るか、未来の日本にとって重大な1年を迎えている。その年頭に当たって、安倍政権はとんでもないことをやってのけた。

かつて非常事態にしかやらなかった補正予算が最近では当然のように組まれ、しかもどんどん肥大化している。緊急な経済政策のための補正がデタラメに行われるようになった。今年の特徴は防衛費の突出である。緊急性もなければ、通常予算で賄うべきものを加算し、新年度に過去最高の96兆円超もの予算案を閣議決定した。

選挙公約の沖縄振興費を概算要求から450億円余も減額し、補正予算で1500億円もの防衛費を計上している。これはいわば辺野古新基地造設へのあからさまな増額であり、沖縄県民に対する見せしめである。

さらに呆《あき》れたことに、フランスのパリで風刺週刊紙を発行する新聞社がテロリストに襲われるや、安倍首相は「言論の自由への攻撃は許さない」という談話を出した。おいおいそんな偉そうなことをキミは言えるのか。先の総選挙ではテレビなどのマスメディアに言論規制を強要し、沖縄の知事選挙では自分の風刺画に怒り狂った。要するに「言論の自由」の弾圧者なのだ。よく言うよ、である。

大晦日《おおみそか》のＮＨＫ紅白歌合戦では、サザンオールスターズの桑田佳祐さんが一矢を報いたが、ライブ会場からの中継なので、わかりにくい側面もあった。ヒトラーのチョビひげを付け、「ピース（平和）とハイライト（極右）」という安倍政権批判の歌を絶唱した。実にあっぱれ、痛快だった。

♪都合のいい大義名分で争いを仕掛けて
裸の王様が牛耳る世は……狂気

桑田さんは安倍政権の極右志向に戦争の恐怖を感じているに違いない。もちろんインターネット上は桑田さんを罵《ののし》るツイートも少なくなかった。集団的自衛権の行使容認と言い憲法解釈変更と言い、安倍首相の言動は世界中を不安に陥れている。

言論重視を

政界での独裁が確保されているからといって、何をやってもよいわけではない。むろん選挙に行かない有権者も悪いが、日本の民主主義が今日ほど機能しなくなった原因を考えてみなくてはならない。民主党の瓦解《がかい》はアメリカ支配と東日本大震災によるもの

41

で、政策には見るべきところが多々あった。インチキな選挙制度の弊害もあって、わずか24％の得票数で、3分の2の議席が自民党に案分されている。この現実を招いているのは第一にメディアの堕落によるものだろう。

はっきり言って、日本に「言論の自由」は存在しないに等しい。スポンサードされたメディアのほとんどは自主規制にがんじがらめにされている。政財官のスクラムは津々浦々にまで浸透し、弱者を圧迫する。安倍首相の日常を記録だけで見ても、そのおごり高ぶりは目を覆うばかりだ。

パリでは100万人を超えるほどの抗議デモが起き、世界中の人々も呼応した。しかし、私はもう少し冷静になった方がよいように思う。確かに非情な暴力には激しい憤りを覚える。それでも戦いを拡大させるより、収束を図らなくては、世界は終わりを迎えることになると思う。

『文明の衝突』を著したハンチントンが予告したように、多様な人間社会にあっては、文明の違いによる争いが拡張される。国家間の対立は前世紀で終わるかに見えたが、民族、人種、宗教、格差、差別など異質な文明は永遠に相容《あいい》れない。違いを違いとして認めなくては、殺戮と支配は増すだけである。

このことは「言論の自由」にも当てはめることができる。反対意見を抹殺するのではなく、言論を重視して解決する道を探る必要がある。自分の言い分だけを通すことの誤

41

りを民主主義によって学ぶしかないのだ。
世界を共存へと導かなければならない。

政権への不満

佐賀県知事選で自公推薦候補が敗北した。投票率は54・61%で過去最低だったが、大差がついた。昨年7月の滋賀、同11月の沖縄両県知事選に続く政権党の大敗だった。「どんな手を使ってでも勝たないといけない」と重要性を主張していただけに、ダメージは大きい。政権に対する不満や批判がこの結果になったと言える。

ことに辺野古埋め立てへの強硬姿勢は許されない。佐賀知事選での敗北を認めた菅官房長官は「残念な結果だったが、農協改革の方針は変わらない」と民意を否定し、沖縄についても触れて「粛々と（工事を）進めていきたい」と述べた。さらに翁長雄志県知事に対して「協力していただければ普天間の5年以内の運用停止が可能」と、いかにも反対派だけが悪いかのような発言をしている。

安倍政権は明らかに間違っている。

２０１５年1月19日（矢崎）

41

ひとりとミンナ

ウンドウをしていなかったら出会わなかったに違いない友だちがたくさんいる。

玉光順正さんは、兵庫県市川の光明寺という真宗大谷派の寺の住職だ。死刑廃止運動で知り合った。もう30年は昔になるだろうか。呼びかけたり呼びかけられたり、いろいろいっしょにやってきた。僧侶のことはよく知らないが、推し量るに、三つほどタイプがあるようだ。僧職を営業として捉えるタイプ。教職として捉えるタイプ。そして僧侶とはどうあるべきか自分で考え実行するタイプ。玉光さんは間違いなく三つ目だと思う。

2月10日、久々に顔を合わせた。玉光さんとその仲間が毎年京都で開いている「ナムナム大集会」第8回で講演をし、玉光さんが進行するシンポジウムに参加した。

また当然ながらウンドウは、新しい友だちと出会わせてくれる場でもある。私と同じかたちで参加した下地真樹さんとは、ほとんど初対面。今回、初めてよく話をし、親しくなった。阪南大学経済学部の准教授で、大阪での反原発運動を熱心にやっており、官憲の反発をくらって不当逮捕の経験もある。

なんと彼は沖縄宮古の出身だった。ウチナーグチを使わせない教育を両親から受けたので、標準語が母語になってしまったそうだが、もちろん今、辺野古ほかの基地問題にウチナーンチュらしい意識でかかわっている。

42

親鸞流罪から８０８年

加えて、参加者に知花一昌さんを見た時には、まさに「いりにこち」、いや「こちにいり」の気分になった。本紙で説明は間抜けかもしれないが、一応。長年の反基地、市民運動家、元読谷村議会議員（１９９８～２０１０年）。反基地運動の応援に、「こち」の仲間たちと読谷村を訪れた時が初対面。その後、会う機会はなかった、と思う。１９８７年に、日の丸焼き捨てをテレビで見た時には、おおお、やったあ、知り合いの知花さんだ！と興奮したものだ。旧楚辺通信所のいわゆる反戦地主闘争（１９９６～２００６年）も報道や市民運動間の情報で知って、がんばるなあ、と感動していた。

噂に、今、辺野古で埋め立て反対カヤック隊をやっている、と聞いてはいたが、玉光さんと同じ派の僧侶になっていたとは知らなかった。読谷村に何我寺なる聞法道場を構えているという。その関係か、名前も昔は昌一だったのが、宙返りして一昌になっていた。懇親会に泡盛は無かったので、お湯割り芋焼酎で乾杯しながら、老いて（お互いサマ！）ますます盛んらしいその風貌に、感無量だった。

ところで、今回の集会のテーマは「みんなになるな　ひとりになれ」。常々思うところとまったくぴったりだったので、講演を引き受けたのだ。下地さんも同じことを言っていた。

テーマの意味を、玉光さんたちのパンフレットは、こんなふうに説明している。

親鸞はなぜ流罪になったのか。それは、彼が、〔ナムアミダブツの教えに出逢うことを通して〝ひとり〟として生きようとしたから〕ではないか、だから〔素直に言うことを聞く〝みんな〟になれと、時の権力者に弾圧された〕のではないか。今また国家権力は、〝みんな〟を押し付けようとしているようだ。親鸞流罪から８０８年に当たって、〝みんな〟と〝ひとり〟について考えてみよう――。

世界人権宣言の教え

さて、市民運動の経験を通して、私は、みんなとともにあることがどれほど素晴らしいか、感得した。同時に、我を強くして、ひとりでも屹立《きつりつ》する覚悟がどれほど大切か、にも気づいた。また、生まれる時も死ぬ時もひとり、人間は本源的に孤独である、しかしひとりでは生きられない、みんなで関係し合わなければ生きられない、それも人間の真実である、と知った。さらに命はみんなのものではなく、個々ひとりひとりのもので

42

あり、それをみんなで守ろうというのが基本的人権の考えだ、と学びもした。

そのうえで「みんなにならない　ひとりになる」と決めたのだ。そのミンナとは？

私はこう分別している。

多勢か無勢か数によらない。右か左か方向にもよらない。他を殺戮するミンナに加担しないのは当然として、私がなるまいと決めているミンナとは、体制・権力が向かう方向、つまりは国策の類に沿って動くミンナだ。その方向が、個々の命を顧みない社会に向かうことは、過去の歴史が十二分に証明している。

おおむね、そんな話をした。そして考えた。

いやしかし、意外にも体制・権力の方向が個々にやさしい平和な社会なら？　それでもやはり共に進むミンナにはなるまい。国策の進撃力はとてつもなく強い。私ヒトリが抜けたって、行きたい方に行くだろうから心配ない。だからミンナにならない、ひとりになる。

それにつけても、ひとりは弱い。ひとりは頼りない。ひとりになる人間には、みんなに代わる支えが、なにか確固と信じられるものが必要だ。神仏の教えを信仰しない私は、そう、世界人権宣言の教えをこそ深く信じよう。

２０１５年2月16日（中山）

42

安倍政権の暴走

43

安倍政権の暴走が止まらない。ＮＨＫの世論調査で内閣支持率が48％と過半数を割った日に、自民党大会が開催され、総裁の安倍晋三は拳を振り上げ「この道しかない」と幾度も絶叫した。

ヒトラー総統がナチス・ドイツを率いて、１９３６年のベルリン・オリンピックを政治イベントとして世界にアピールした時と情況は酷似している。第1次世界大戦で敗戦国となったドイツが軍事大国を宣言したと同じように、２０２０年の東京オリンピックで日本は戦争のできる国になろうとしている。ヒトラーの亡霊に取り憑《つ》かれているに違いない。こんな歴史を繰り返させてはならない。

「政治とカネ」の問題は安倍政権を追い詰めている。必死で逃げ切ろうとしているが、絶対に許してはならない。とことん追及する必要がある。何しろ安倍首相自身が疑惑の中心にいるのである。

下村博文文科大臣にまつわる違法献金事件は、弁明の余地すらない事実だ。「知らなかった」では済まされない。それがわかって辞任を覚悟したが、安倍首相が許さなかった。何しろ疑惑閣僚がゾロゾロ居るのだからドミノ倒しになりかねない。当然、任命責任も問われ、安倍首相の疑惑も明らかになる。

無届け（インチキ）政治団体の「博友会《はくゆう》」は下村大臣が私物化してきた組織だが、安倍首相にも「安晋会《あんしん》」なるシロモノが存在する。ネーミングからして、この二人がペテン師だということがわかる。しかも組織ぐるみで、補助金を交付されている企業から献金を受けている。こんなデタラメが通用していいわけがない。

恐らく独裁の奢《おご》りと怠慢からユルミが生じたのだろうが、西川公也農水相辞任の夜に、中川郁子農水政務官の不倫（路チュー）スキャンダルが発覚する。「政治とカネ」で辞任を余儀なくされた農水相の直属の部下なのだから申し開きもできない。これだけでも安倍政権は本当はアウトなのだ。

国会の予算委員会の席上、逆ギレした安倍首相は「日教組から金をもらってるじゃないか」と事実無根のやじを民主党の質問者に浴びせた。一国の総理が閣僚席から不規則発言をする。こんなことは憲政史上はじめて。これまた即刻辞任に値する失態である。

つまり、実際は安倍政権そのものがボロボロなのだ。それを糊塗《こと》しようとやっきとなっている。さまざまなことが原因となって、断末魔の悲鳴を上げているのである。

民意を無視して辺野古新基地を強制的に埋め立てようとしているが、オール沖縄によって必ずつぶされる。アメリカが何と言おうとも駄目なものは絶対に駄目なのだ。菅

43

43

官房長官の落ち着きのない会見からも十分に読み取れる。今や仲井真前知事を騙《だま》したことは明白な事実であり、何ひとつ根拠はない。

独裁者は「無責任な批判にたじろぐことなく、やるべきことは毅然《きぜん》とやり遂げる」と叫んでいるが、そっくりそのまま返してやりたい。そして、この言葉が単なる強がりであることは歴然としている。

リオで「アンダー・コントロール」と宣言したフクシマの核処理が全く進んでいないばかりか、放射能汚染は深刻化している。核のゴミを処理できないままに、原発再稼働を口にしても、日本中はおろか世界中から相手にされない。

東京オリンピックなど、ただちに開催を断念すべきである。まして国威高揚などとんでもない。安倍政権の失政が次々に暴かれる時期が間もなくやってくるだろう。それほどに泥沼に足を奪われている。

憲法違反

「世界中で戦争ができる国になる」という安倍晋三の野望は、いかなることがあっても阻止するしかない。手っ取り早いのは安倍政権を打倒することだが、自滅させる方法はいくらもある。

「秘密保護法」「集団的自衛権」の二つは、明らかに憲法に違反している。一刻も早くメディアが正気を取り戻して、政権批判を正面から行うことである。日本にいる外国人記者たちは、口を開けば「日本のジャーナリズムは死んだも同然だ」と苦言を呈する。「この道」はいつか来た道だと私たちはあらためて心に思い起こすことしかない。それこそが戦後70年の節目でもある。

安倍首相は「70年談話」を出すと言っているが、これほどチャンチャラおかしい話もほかにない。何ひとつ世界のことがわかっていない男に、談話など無用である。日本一の超危険人物が口にする言葉など要らない。少なくとも歴史認識すらマトモにできない人に、日本を代表する論理など構築不可能である。

96兆円の特大予算は格差拡大予算である。日銀が金融緩和で支えている日本国債は、国民にツケを回すだけで、破綻は目に見えている。円安、インフレはアベノミ（ク）スの経済破綻で液状化するだろう。

私たちはもっとしっかりするしかない。

２０１５年3月23日（矢崎）

43

民主選挙への不敬

44

こちらは降ったり曇ったりが続く。今日、4月14日までの10日間ほどというもの、晴れ間が見えたのは1日だけ。花々は多彩に美しいけれど、どうしても気が沈む。それでも、統一地方選挙の結果が違っていたら、気は晴れただろうが。

1986年に参議院を辞めてから、選挙にはほとんどかかわっていない。時に信頼する仲間から選挙応援の口がかかる。私など、集票に役立つかどうか大いに疑問だが、友だちの依頼であるから、引き受ける。ただし条件がある。候補は、市民運動が推す無所属に限る。活動はパンフレットなどに推薦を表明するだけ。街頭であれ室内であれ、選挙運動には加わらない。そんなふうにやってきた。

候補の条件は、私自身がそれなら信用できるからだ。選挙運動に加わらないのは、不特定多数を説得する弁論活動が、苦手、苦痛、嫌いだからだ。つくづく、政治家にも僧侶にもテレビショッピングの売り子にも向いていない性格である。

それが今回、自分のラインをかなり外れて静岡県議選にかかわった。候補（公認会計士の日吉雄太さん）は、一応無所属ではあったが、伊東市議や経験者3人が組織した「伊東をよくする会」に担ぎ出された人物で、民主、維新、生活の推薦をとりつけており、自身も前の衆院選に初出馬した時には、生活の党所属を名乗っていた。

私は党派とは一線を画して地元の仲間と「勝手連」を組織し、よく働く仲間たちに引け目を感じつつも、人間、心身安泰がまず大事と、活動は私たちの運動をかねた集会や立会演説会に限らせてもらった。

全国的に低投票率

かように私を、私たちを駆り立てたのは、候補が「浜岡原発廃炉」を明確に掲げたからだった。実は選挙戦のかなり間近まで、1人区の伊東市には立候補者の噂がなく、無投票で現職が当選かと言われていた。その現職たるや、自公公認でなんでも親方の言うがまま、浜岡再稼働に与《くみ》すること間違いなしの人物だった。そこに新たな立候補者が、しかも浜岡廃炉を掲げて現れたのだ。投票できる！　勝てたら嬉《うれ》しい！　ささやかながら伊東で反原発運動をしてきた私たちは、喜んで選挙に突っ込んでいったわけだった。

降ったり曇ったりが続くなか、12日だけは晴れ間の多いうららかな日になった。にもかかわらず全国的な低投票率に伊東も同調した。これまた全国的な流れに乗って、伊東も自公の現職が勝ち残った。

44

伊豆新聞によると、伊東の投票率は45・81％。１９８７年の45・34％に次ぐ悪さだ。有権者６万６４８人、その24％が現職を、20％が新人を選択した。つまり有権者の４分の１程度の選択で、現状維持が決まったわけだ。全国的にも、選挙区の約３割が、対抗候補が出ない、あるいは定員以内の立候補者しかいない無投票状態で、やはり伊東と似たり寄ったりの少数有権者が、現状維持を決めた。

民主選挙はもはや死んでいる。民主というからには、おためごかしに主《あるじ》の民＝有権者に声をかければいいというものではない。有権者が自由に積極的に選択してこその民主選挙だ。どうすれば回復できるかはわからないけれど、これがどういう状況かは、わかる。

原発より地域活性化？

日本人は、民主選挙に対する敬意をすっかり失っているのだ。選挙は勝ってナンボノモン、が警句になっているのがその表れだ。となれば最もよい戦術は、組織票固めに決まっている。全陣営がこれに走れば、組織を外れた有権者は蚊帳の外に置かれ、大企業や宗教団体を擁する陣営が勝ち、現職の強みでますます一部有権者を組織する力を持ち、政治は改革されなくなる。まさにそれが、今の状況だろう。

改革したいなら、勝てばいい、という態度を捨てることだ。有権者を尊敬することだ。

それは、今、最重要である政治課題を、誠実に主張して選挙に臨むことだ。

今、大多数の地方政治にとって、最も緊急重大な課題は、原発の是非を置いてほかにない。いくら重大でも、伊東で辺野古反対を掲げたら、地方選にそぐわないというのもうなずける。しかし、直近の原発施設の是非は、地域住民の問題そのものだ。なのにこの選挙で何人の候補が、それを明確に掲げて戦っただろう？　原発より地域の活性化を立てた方がウケる、という意見を周辺でも聞いた。浜岡廃炉運動で知られた候補が、選挙戦では、勝つためにそれを引っ込めた、とも聞いた。

政治改革を求める陣営にとって、当選第一の選挙戦略は、もはやあまりに悠長だ、と私は思う。まず、その同じ土俵では体制側現職のほうが強い。そもそも、それは民主選挙への不敬であり、民主選挙を殺す所業だ。

選挙戦を、勝つための手段としてではなく、有権者に、敬して重要課題を明示する運動そのものと捉えて臨むこと。それしか民主選挙を救い政治を革新する可能性はないだろう。

２０１５年４月20日（中山）

44

新たな敗戦

45

日本は今、敗戦70年目にして、再び新たな敗戦を迎えようとしている。

安倍首相の訪米は、まさに無条件降伏への旅であった。それにもかかわらず、帰国して三日間、安倍晋三はゴルフ三昧の日を送った。こいつ、どうなっているのか。

呆気者《ほうけもの》、または空《ほう》け者と称するこの手の人は、おろかものであるばかりか、うっかりものである。心ある日本人は、このことに、とうに気がついている。自分が何をやっているのか、まったくわかっていないのだ。

オバマ大統領への手土産は、山ほど抱えて行った。集団的自衛権、安保法制化、新ガイドラインなど憲法9条違反項目の中には辺野古新基地も含まれている。TPPの受け入れによる食の破壊と不均衡貿易の拡大。同盟強化という名の隷属の固定化も見逃せない。

破綻直前のアメリカ経済を多角的に支えることまでも約束している。つまり安倍首相は日本という国をアメリカに売り渡してしまったのである。しかもその見返りは何ひとつない。これが敗戦でなくて他にどう判断したらいいのか。

それなのに安倍首相ははしゃいでいる。アメリカの上下院合同演説にしても、もの笑いの種になっただけだ。日本のメディアには圧力をかけられても、世界には通じない。歴史認識では修正主義者のレッテルを貼られたままだし、積極的平和主義が軍国主義への回帰を表明する二枚舌と見抜かれている。

祖父・岸信介からの継承かも知れないが、安倍晋三の中国嫌い、朝鮮蔑視は歴然としている。常に上から目線である。おそらくシナポコペン、チョーセンピーと言っていた軍国主義時代の日本を引きずっている。従軍慰安婦問題にしても、侵略戦争の事実にしても、真摯に受け止める気持ちなどサラサラないのだろう。A級戦犯を合祀《ごうし》した靖国神社に拘泥する姿勢がそれを証明している。

米の責任追及せず

１９７５年4月30日に、私はサイゴン（現・ホーチミン市）に滞在していた。陥落３日前にようやく入国を果たし、阿鼻《あび》叫喚の渦巻く街で取材活動中だった。我れ先に脱出する米軍関係者たちやベトナムの富裕層の姿は目を覆うものがあった。

北ベトナム軍に捕らえられ、ポル・ポトに引き渡された後に、私はラオスで解放された。外国人ジャーナリストの大半はプノンペンへ連行され処刑されたと後に知ったが、私が何故無事だったか、今も謎のままである。

45

ベトナム戦争の末期、枯れ葉剤を大量に積んだ爆撃機は沖縄から連日飛び立って行った。ほぼ全土に散布された劇薬の中には日本製も含まれていた。その悲劇は今も続いている。もちろんアメリカ兵も枯れ葉剤の被害に遭っている。後遺症に苦しむ元兵士たちやその家族は補償を受けているが、ベトナム人被害者はほとんど救済されていない。こんなことがあっていいわけがない。

敗戦国の日本は、戦争責任の対価として多額の賠償を支払っている。広島・長崎に投下された原爆の被害について、戦勝国のアメリカは何もしていない。被爆者は70年経った今も苦しんでいる。はっきり言って、こんな不可解な話はない。

ずっとアメリカ詣でを続けてきた日本の総理大臣は、誰ひとりとして責任の追及をしなかった。歴史認識では安倍首相も危なっかしいが、問われても言い返すほどの気概は微塵《みじん》もあるまい。

遺伝子組み換え作物

「パパ、遺伝子組み換えってなあに?」という映画が東京のアップリンク系映画館で上映されている。「食の安全」を守るためにアメリカ人監督が製作したロードムービーだが、GMO（遺伝子組み換え作物）がいかに恐ろしいかを告発している。モンサント社を中心にしたアメリカの大量生産農場と大手食品メーカーは、防虫効果と除草剤耐性効果を理由に、種子や土壌の破壊を促進している。しかも人体に与える影響は計り知れないのだ。

アメリカで生産されるトウモロコシの90％はＧＭＯであり、それが家畜の飼料にもなっている。牛や豚などの食肉および加工品を口にすることの危険はすでに立証されている。つまりＴＰＰによって日本に輸入されるアメリカ産の食品は、ことごとく汚染されており、ＧＭＯは体内にとどまりさまざまな病気を誘発するばかりか、種子や土壌を蝕《むしば》むことになる。

ロシア、ノルウェーなどはアメリカからの食品や農産物の輸入を全面禁止し、オーガニックへの転換を実現しつつある。

違憲状態で国政選挙を行い、わずか有権者の20％足らずの支持率で過半数を獲得している安倍政権のペテンを許してはならない。私たちはルサンチマンの精神によって、市民革命を起こすしかない。辺野古基地は絶対に造らせない。翁長知事の訪米は、大きな希望である。打倒安倍に繋《つな》げたい。

２０１５年５月18日（矢崎）

45

捨て石の覚悟

〈政治家は使い捨て。私のみじめさはなんでもないが、県民のみじめさは絶対あってはならない〉（東京新聞2015年5月30日朝刊より）

翁長雄志・沖縄県知事のこの言葉は、共同通信が配信した新聞に載り、ネット雀《すずめ》のくちばしに乗り、私にまで届いた。

翁長さんには会ったことがない。どんなひとか知らない。元自民党というのは、私のなかでは大きな減点要素でもある。

にもかかわらず、この言葉には、多くのひとびと同様、思わず感動し、心中、敬礼した。口先だけではない、と思った。私も少しは沖縄の状況を見知っているし、知事になられてからの活動も望見しているからだ。

そして、内地で目立つ政治家たちに対して私が抱いている、もやもやした疑念、言ってみれば「この政治家は気に入らない、しかし違法というわけではないから、こういう政治家がいるのもいたしかたないのだろうか」というふうな思いが、一挙に整理された。

おまえは人民のために「使い捨てに甘んじる」つまり「捨て石になる」覚悟を持って

46

いないではないか。それがあれこれの政治家に対する、私の不満だったのだ。

不幸中の幸い

広告代理店の手法で有権者を楽しませる最近流行《はや》りの政治家たちは、それで得る権力や富や名声や、肥大する自己像にうっとりする楽しみが第一であることを、隠そうともしない。古狸《だぬき》の大物は、自分の家名と勢力を維持し盛りたてるのを、なにより優先している。内地では、そんな政治家ばかりが目立つ。マスコミが興味を示す内地の政治家は、そんなのばかり、ということだ。

捨て石覚悟の知事を持った沖縄を、しかし幸いとは言えない。言うとすれば不幸中の幸いだ。いや、そもそも人民の幸いというものは不幸中にしか現れないのかもしれない。人間としての危機感が、政治家の構えを突き破った時、彼は捨て石の覚悟を持つのだろう。〔人間の生き方として、私たちの不作為で子や孫にまた同じ年月を過ごさせるわけにはいかない〕（同前）

〔（知事選出馬を決した時）女房にね、「俺、もう政治生命捨てようかな」と。当選するかは別に問題提起してやると〕（同前）

原発に戦争法案。内地人民の不幸は、まだ足りないとでも言うのだろうか。手遅れに

46

ならないうちに、捨て石覚悟で国政に臨む政治家が、ぞくぞく出てくればいいのだが。

46

我が身大事

かく言う私には、捨て石の覚悟は無い。

「タレントなんか使い捨てでいいんだよ」

タレント議員だった私にそう言ったのは、ベ平連（ベトナムに平和を！市民連合）の事務局長だった吉川勇一さんだ。5月28日、84歳で亡くなった。私はベ平連には加わらなかったが、70年代に市民運動を始めてから知り合い、亡くなるまで「同志」と言っていい付き合いをした。あれは、運動関係のイベントにおけるタレント（芸能人）の使い方について、雑談している時だった。

まだタレントに片足かけていた私は、蔑視されたように感じて不快だったが、笑ってすませた。吉川さんはそんなひとじゃない、何か別の意味があるのだろう、と感じたからだ。

吉川さんの訃報に接し、翁長さんの言葉を知って、また考えた。思えば吉川さんの一生は、市民運動という政治の捨て石だった。むろん覚悟のうえだった。自分の仕事も学問も、市民運動の次、だった。自分のことよりも、運動の成功を第一にした。

それは、クスッと笑いを含んだ言葉ではあったが、オレだって捨て石になっている、誰だって人民のために捨て石になるのが当然じゃないか、という、矜持《きょうじ》が入り混じった心だったのではなかろうか。今はそう考えている。

自分で言うのもナンだが、芸能者（絵描き、物書き、俳優など、芸の能力で仕事をしているひと）はエゴイストだ。だから芸能者なのだ、と言っていい。芸能活動とは、自分自身に、あるいは自分の作品に注目を集めたい、という衝動が不可欠な活動だ。捨て石の生き方は芸能者の体質とは相容《あいい》れない。

なのに私は、国会へ行った。私が理想とする政治には、捨て石の覚悟が不可欠だ、とうっすら気づいてから、もう絶対に立候補はしない、と決めた。私のように政治力のないエゴイストには捨て石はみじめで耐えられない。だからといってなまじ政治力がついたら捨て石にはならず、小型ヒットラーになりかねない。だから我慢ならない政治には、エゴの力で抗するような市民運動をしていれば、ちょうどいいのだ。要は我が身大事の人民を生き抜く。それにも少しは覚悟がいる。

人民の捨て石となる覚悟の政治家も、あまりみじめすぎると逃げ出してしまいかねないだろう。彼の辛さを和らげるのは、当然、人民の呼応であり喜びだろう。人民も、捨て石覚悟の政治家には呼応し喜ぶ、そう努力をして、いい政治家を支えなければ。沖縄のように。私はそう覚悟している。

２０１５年６月15日（中山）

46

地獄への道標

47

サンフランシスコ講和会議（全権大使吉田茂）で平和条約と日米安全保障条約が調印されたのは1951（昭和26）年9月8日だった。国際的にも独立国として占領統治はとりあえず終了した。日米安保の締結がその条件でもあった。

前年、朝鮮戦争が起こり、後方支援として日本は米軍の兵站《へいたん》（ロジスティクス）を担うことになり、特需景気は日本経済を急上昇させた。マッカーサー司令官は警察予備隊を設置し、日本の再軍備を説いたが、数カ月後に本国から解任され立ち消えになっている。なにしろ平和憲法が施行されて、5年目のことだった。国際世論も許さなかったのだろう。

同盟国として緊密な関係を保つために60年に安保改定することになり、岸信介内閣の最重要課題となった。新安保には日本に米軍基地を増設し、専守防衛の日本の安全を米軍が担うことで、日本から大きな費用を支払う決定がなされ、10年毎《ごと》に見直す方針が打ち出された。

安保反対の国民行動が盛り上がる中、民意を無視した岸首相によって60年安保は強行採決され、その混乱の責任を取って、岸信介は退陣する。安倍晋三首相が岸の孫であることは知られているが、戦前の日本を復活させるという祖父伝来の野望は、首相の信条にもなっている。

ヒトラーの再来

はからずも70年安保は岸信介の弟佐藤栄作によって自動延長され、反対運動は徹底的に弾圧される。72年1月に訪米した佐藤は同年5月の沖縄の日本復帰を実現させる。本土並みと約束しながら、さまざまな密約によって米軍の思惑どおりに基地と核保有を安保に上乗せしてきた。

戦場として大きな被害を受けた沖縄は、そのまま占領され基地化されるという悲劇を味わうことになる。復帰するからには、基地負担も本土並みでなくてはおかしい。安保だけ押し付けられた結果が、現在の辺野古新基地につながっている。

先の総選挙では、自民党ノーの民意がはっきり示されているのに、翁長知事に会うことすら安倍首相は拒否した。菅官房長官は渋々腰を上げはしたが、上から目線で辺野古埋め立てをいまだに強行している。

現在の安保国会でも最終段階で、政府は突然沖縄で公聴会を開いた。見え見えのペテンであるばかりか、辺野古を度外視する態度は欺瞞《ぎまん》に満ちている。

47

平和安全法制などと偽装しても、安保法制11項目は戦争法案であることは、あらゆる国民に見透かされている。反対運動は拡大しつつあり、90％以上の憲法学者が「違憲」と判定している。しかも各新聞の世論調査では60～85％が反対している。安倍首相は親衛隊やお友達と贅沢《ぜいたく》三昧な食事をとり、耳に心地の良い話しか聞こうとしない。

批判されるとマスコミにもあたり散らし、「琉球新報と沖縄タイムスはつぶさなくてはならない」という暴言を吐いた百田尚樹氏と安倍首相は共著も出すほどの親友なのだ。この問題だけでも辞任して欲しいくらいである。

会期を95日も延長して税金の無駄使いをしながら、多数を頼んで法案を成立させる。安倍首相が独裁者であり、ヒトラーの再来であることは明らかである。日米安保にもみくちゃにされながら憲法9条があるから、曲がりなりにも平和は保たれてきた。その歯止めがなくなったら、残るのは戦前の軍国日本しかない。

世界中が安倍首相の暴挙に呆然《ぼうぜん》としているに違いない。その懸念を払拭《ふっしょく》する意味でも、どうあっても安保法案を成立させてはならぬ。いろいろな方法はまだ残されている。要は絶対に諦めないことである。間違いを犯しているのは安倍一族だけなのだから、必ず廃案にすることが出来ると信じて闘うしかない。

同じことが辺野古にも当てはまる。普天間から海兵隊を移すという話は19年も前のことだ。むしろアメリカを利用してあらゆる政治的コストを沖縄に押し付けることで歴代内閣の怠慢を隠し続けてきたのである。

すべて次世代に

日米安保の歴史は長い。この地獄への道標《みちしるべ》をどこかで排除しなくては、日本に未来はない。アメリカ兵の代わりに自衛隊員が血を流すことで一体何が解決されると言うのか。日米安保の怖さは、他国に警戒心を持たせるばかりか、敵視されることによって多くの不安を抱え込むことになることだ。日米を牽制《けんせい》するかのように、中国とロシアが中心になって、各国が連携する動きが強まっている。

安倍首相の世界漫遊によるバラまきは日本経済を圧迫するほどの額に上っているという。それでなくともアベノミクスの崩壊も深刻化しており、日銀の金融緩和によって赤字国債は1千兆円をはるかに超えている。借金はすべて次世代に回すというデタラメが許されていいわけがない。戦争に行くのも未来世代とあれば、誰にも楽しみはない。

強行採決に対する怒りは燎原《りょうげん》の火の如く、日本全国に拡がるに違いない。

日本国憲法にノーベル平和賞を！

２０１５年７月20日（矢崎）

47

ＳＮＳと市民運動

48

パソコンを始めて、意外な自分を知った。けっこう機械イジリが好きだったのだ。独学すること10余年、ひととおりの不具合故障ドタバタ経験を経て、いつしかカスタマイズのデスクトップを使うようになり、開けて内部の清掃をもし、無線ランやモバイルを操り、不具合に遭遇しても、ほぼ原因の見当がつくようになった。

だが使い方は原始的である。メールは電話や手紙の進化型、原稿書きは紙と鉛筆でもできる、悪癖のゲームも、パソコンが無ければ紙のパズルで間に合う。パソコン使いの真骨頂はなんといっても、オンライン・ネットワークを駆使してシゴトや活動をすることだろうが、そちらにはどうも気が向かない。事情にもうとい。

「友達」１０５人

そんな私でもＳＮＳ（ソーシャル・ネットワーキング・サービス）という言葉を知るようになった。それほど世にもてはやされているわけだ。私の理解で一口に言うと、「インターネット上の会員制社交クラブ」といったところか。どういう商売かよく知らないが、利用者がいやでも目にするところにたくさん出ている企業広告からの収入、はたまた場合によっては付随する課金ゲームの収入が儲けになるらしく、入会金は取らないし、単に社交場として利用するだけなら無料。実社会の会員制クラブ同様、身元確認がやかましく会員の紹介がなければ入れないような「高級クラブ」から、仮名でもメールさえ通じれば会員になれるものまで、いろいろだ。

　ネットで調べたところによると、ＳＮＳは２００３年頃アメリカで相次いで誕生した。日本でも大流行《はや》りしてマスコミで話題になったものには、「ｍｉｘｉ」や「Ｆａｃｅｂｏｏｋ」がある。やはり話題になった「Ｔｗｉｔｔｅｒ」も同類に見えるが、当の経営会社がＳＮＳではない、と言っているらしい。ムズカシイものだ。

　そのＴｗｉｔｔｅｒに、友の誘いで加わったのは10年ごろだったろう。なんでも最初は熱心にやる。11年3月11日の福島原発事故では、一般報道にはないニュースがどんどん入るので、とても重宝した。しかし、やがて、不特定多数との短文による交流が、私には苦痛だとつくづくわかって、やめた。

　しばらくして12年5月、Ｆａｃｅｂｏｏｋに参加した。やはり友に誘われたのだ。これは、特に望まなければ、不特定多数の会員と交流せずにすむ。私の交流範囲は私が「友達」と認めたひとばかりだ。最初は現実の友だけだったのだが、友の友（未知のひと）

48

から求められて「友達」と認めているうちに、その数105人になった。それでも、じっくり読めるしじっくり書けるので、なんとか交流の質が保てる。これは続きそうだ。

48

アオミドロ型

ここまでは長い前置き。さて、SNSが市民運動を促進している、という見方がある。世界でも、政治を変えた大きな市民運動はSNSあってのものだったと聞く。たしかにビラ撒《ま》きや街頭演説にくらべて、SNSの利用は格段に伝搬力を上げる。権力側はとっくに承知で、内閣は盛んに組織的にSNSを利用している。だが、私が感じているのは、SNSによって運動の質が変わったのではないか、ということだ。確固たるピラミッド型から、頭も骨組みもない、いわばアオミドロ型の在り方に。

見ているとSNSには、「友達から友達へ」という形での情報の拡散力は大いにあるけれども、個人への強制力はほとんどない。SNSでの関係が、現実の権力関係と強く結びついてでもいない限り、みんな「友達」なのだ。だから、たとえばデモへの誘いにどう応じるかは、完全に個人の自主的な判断にゆだねられる。たとえ発信者が現実の友や上司であっても、自分だけが面と向かって勧誘される場合にくらべれば、はるかに判断が自由にできる。結果、「友達」たちは、誰かの誘いを無視する、賛同だけする、手伝って情報を拡散する、行動に参加する、などなど各段階に渡って、てんでばらばらに反応している。そのためだろう、このところ盛んな国会包囲の集会には、まったくの個人参加が増えている。グループは若者ＳＥＡＬＤｓから老人ＯＬＤｓまで、実に多様な集団で、それぞれのグループには目立った指導系統が無い。ＳＮＳでのお誘い合わせが土台だからだろう。

まさにアオミドロである。60年代70年代の、「統一こそ力！」の叫びに慣れてきた者の目には、いかにも弱い。勝てそうにない。しかし案外よさそうな気もする。指導組織や指導者が明確な集団は、頭を叩《たた》けば壊滅するが、アオミドロでは、どこを叩いても壊滅させることはできないからだ。そうこうするうちに、歴史の時期が到来して、アオミドロが巨人となって立ち上がり、国家権力に痛烈な一撃を加えるかもしれない。

無理やりトップを決め組織を固めたからといって勝てないことは、世界が経験している。どのみち歴史は人為を待たないのだから、アオミドロで凌《しの》ぐのもよかろうではないか。

２０１５年8月17日（中山）

48

安倍首相は厄病神

49

3年前に民主党の野田政権による自爆解散《ヤケクソ》で、自民党の大勝利が確定した。それは小選挙区比例代表制の罠《わな》にまんまと嵌《はま》った結果だった。

わずか50%そこその投票率が27%の得票で3分の2の議席をもたらした。第2次安倍内閣が誕生し、余勢をかって参議院のネジレを解消するや好き放題な政策を次々に推し進める。

民主党政権の失政より酷《ひど》いことをやりながら、支持率を維持するという好運にも恵まれた。口先だけのアベノミクスは格差社会を拡大しただけでなく、日銀による莫大《ばくだい》な金融緩和で1千兆円を超える財政赤字を作った。円安ドル高は国民生活を破綻寸前に追い込んでいる。

嘘《うそ》八百の「おもてなし」で2020東京オリンピック・パラリンピックの開催権を獲得するが、国立競技場のトラブル、エンブレム問題など数々の汚点がすでに発覚している。しかも、平和安全法制と偽って、集団的自衛権を閣議決定し、自衛隊の軍隊化によって戦争への道へと進もうとしている。国会による審議入り以前に、アメリカ議会で約束する独裁ぶりには呆《あき》れ果ててしまう。19年も引きずってきた普天間基地の移設問題にしても、非現実的な地位協定の見直しもしないで強行しようとしている。

どれもこれもペテンだらけであり、国民の声を無視するばかりか、いかに騙《だま》すかに血道を上げている。戦争法と辺野古新基地は、日米安保という同根の災禍そのものであることを忘れてはならないだろう。

米との約束が大事

戦争法案を廃案にしようと国会前には連日何万人ものデモが繰り広げられている。もちろん日本全国津々浦々に反対の人々はとてつもない数に上っている。衆院での強行採決以来、国民の80%以上が怒り心頭に発しているのである。

安倍政権はそれを無視し続けている。NHKの国会中継を見てもわかるが、安倍首相の答弁は質問すら無視している。自分の言い分を述べているだけで、まともな答えが全くなされない。しかも説明そのものが二転三転し、閣僚の間でも意見の食い違いが際立っている。つまり、首相、官房長官、外務大臣、防衛大臣の総《すべ》てがデタラメだということが歴然としている。

沖縄の翁長雄志知事は、安倍首相と2度目の会談を行った直後に「決裂した」と毅然《きぜん》

49

たる態度で記者団に語った。1カ月間の作業停止にせよ、沖縄振興予算にせよ、基地負担軽減にせよ、何から何までペテンそのものなのだから怒って当然のことばかりである。翁長知事は、前知事による埋め立て承認の取り消しを表明した。近くスイスで開かれる国連人権理事会で翁長知事は沖縄における70年間の法的圧殺の歴史を指摘する。もう絶対に騙されないぞという決意が読み取れる。

とにかく国民を虐げてもアメリカとの約束を守ろうとする安倍首相は狂気そのものである。9月30日にはニューヨークで開かれる国連総会で演説することになっているらしい。どんな恥を曝《さら》して帰国するのか。

49

防災やる気なし

9月8日に告示された自民党の総裁選は無投票となった。立候補を模索していた野田聖子議員に対するバッシングは滅茶苦茶《めちゃくちゃ》だったらしい。ことに二十数名の推薦人はシラミ潰しにあの手この手で妨害されたようである。独裁者がいかに暴力的か驚いてしまう。その独裁者が間もなく手に入れるマイナンバー・カードも私たちに不安を与えている。国民総《すべ》てに番号をつけて、徹底的に管理しようというシロモノである。

消費税の軽減税率について、日用品（ことに食用品）から差し引く際に、財務省がマイナンバーを使う案を提案している。約２％を軽減すると10％に値上げされる消費税は１兆２千億円減税されることになるという。

麻生太郎財務大臣は上限を一人４千円にしたいらしい。しかもマイナンバーを常時持ち歩いていなくては利用できないと、反発の強いマイナンバー・カードを無理やり普及させる意図すら述べている。まったく悪い奴である。

安倍政権が誕生してから、日本には天変地異が頻発している。その都度対策本部を設けてはいるが、実際にはパフォーマンスをするだけで何もしていない。防災に熱心でないことは原発再稼働によって証明されているが、その度に税金が無駄に使われる印象が強い。

思えば安倍晋三ほどの厄病神《やくびょうがみ》がこの世にいるだろうか。何より困るのは、口先三寸で政治をやられてはたまらないということだ。世界各国を歴訪したと自慢気に語っているが、金をバラまきに行くのだから、どこの国だって大歓迎する。得意満面になって帰国するが、成果はさっぱり上がっていない。

厄病神はさっさと退陣してもらうのが、何よりもよろしい。「成立すれば、やがて理解は深まる」という論理でわかるように、民主主義すら勉強していない無教養さには辟《へき》易《えき》とさせられる。安倍内閣打倒と叫びつつ私もデモに参加し続けるしかない。

２０１５年９月21日（矢崎）

49

50

襲いかかる〔政治〕

運命なのか性格の問題なのか、走りだしてから考えることが多い。政治などはまさにそれだ。元来、〔政治〕は大嫌いで、成人してしばらくは、投票もしていない。

ところで「人間の営みは、すべて政治だ」という意見がある。なるほど、と思う。だから今、いわゆる政治、現代の議会政治を指す場合には、〔 〕をつけることにする。

というわけで、私が大いに嫌ったのは〔政治〕なのだった。だが、１９７０年代の半ばごろ、ウーマンリブ運動に飛び込み、いろいろ知るうちに、こう考えるようになった。

私はもっぱら意識の問題として性差別を考えてきたけれど、法の問題も無視できない。新憲法なくして参政権の男女平等は得られなかった。法に差別がある限り、ひとびとの意識もまた差別を逃れられない。そして法を決めるのは〔政治〕だ。いくら私が強烈な個人主義者で、自分と恋人の世界に閉じこもっていようとしても、〔政治〕が戦争を決め、彼を徴兵してしまったら、私の幸せは木っ端微塵《みじん》だ。どんなに嫌っても〔政治〕のほうから襲いかかってくる。防御せずばなるまい。

ざっとそんな意識を持って、あれこれ社会的な運動に関わり始めた。77年、革新自由連合の結成に加わり、80年、参議院選挙に出馬し、以後6年間、もろに〔政治〕と関わるハメになったのは、さしずめ「攻撃は最大の防御なり」の意気込みだったのだろう。

その経験から、ますます〔政治〕が嫌いになった。会社勤めをしたことはないが、人間関係劣悪な職場で好きでもないシゴトをする苦しみが、国会で少しはわかった気がする。また〔政治〕という分野も芸能芸術と同じように向き不向きがあって、私にはからきし向いていない、とよくわかった。

かくして〔政治〕は辞めた。しかし、政治は辞められない。しばしば〔政治〕が法を振りかざして襲いかかってくるもので、防御せざるを得なくなる。市民運動、すなわち一般人による政治活動は、そこから始まる。本来、受動的なのだ。襲われ方によって、運動の質やカタチや大きさが決まる。その受け身を嫌って、運動を積極的に形作ろうとすると、そこに手管が芽生え、運動は〔政治〕に類似してゆき、悪くすると〔政治〕とリンクして、民衆に向かって牙をむくことになりかねない。

などと考えるようになったのは、〔政治〕の急激な悪化、とりわけ福島大事故で露呈した原発政策と、違法をものともしない安倍政権の軍国化政策との非情な攻撃のおかげだ。考えざるを得ず考えたおかげで、警察や自衛隊に対する姿勢も定まった。それはまた、国策に抗して政治活動をする一般人の立場について、考えが定まったということでもある。

50

かつてのノーテンキな私は、民衆運動を規制し時に弾圧する官憲を、いちがいに敵とは見なせなかった。彼らとて人間だろう。それに私は幼いころから芸人だったので、警察官にも自衛隊員にも、私のファンがいる、と知っていた。ファンは敵ではありえない。では、成田空港に反対する農民たちや、基地に抗議する沖縄のひとたちに襲いかかる官憲は？　とても味方とは思えない！

遅まきながら、このジレンマが解決した。日本国家の権力は国民に由来する。だが、国策に抗する民衆は、国家にとってもはや国民ではない。火炎瓶構えた過激派だろうが花束抱えた非暴力派だろうが、国策に抗する者はすべて国家の敵なのだ。原発や戦争法や米軍基地政策に抗して起こった大きな民衆運動について、与党政治家たちが述べる意見を見れば、それがよくわかる。国策に抗したとたんに、ひとは国家の敵となる。そして警官と自衛隊員は、常に国家権力に従順であることを宣誓した兵士たちであり、その任務は、国民（ただし国策に従順な国民）を守り、それ以上に、国家の敵を討つことである。つまり、警察官も自衛隊員も、私が国策に抗する時には、私に銃口を向けるかもしれない敵以外の何者でもないのだ。

今夏も小笠原の父島で10日ほど遊んだ。東京や伊東ではまずないことだが、父島に通っていると、基地の自衛隊員や警察署に赴任している警視庁の警察官と親しくなる。思っていたとおり、彼らは正しく人間であり、なかにはファンだったと言ってくれるひともある。彼らと盃《さかずき》を交わし、美しい海で共に遊ぶ楽しさを、私はこれからも味わいたいと思う。彼らが幸せに生きることを願いもしている。

ただし、ひとたび国策に抗して立つ時は、こう覚悟する。その時、対峙《たいじ》する彼らは、もっぱら国家に忠実な、暴力を持つ兵士だ。人間同士としての行動を、彼らに期待してはならない。国策に抗する者としての私は、彼らにとって実に討つべき国賊なのだから。よって彼らは、明らかに私の敵である。敵には不信と不服従をもって対するしかない。

ノーテンキな市民運動オバアにも、こんなに暗い覚悟が必要な時代なのである。

２０１５年10月20日（中山）

50

復讐するは我にあり

10月31日、佐木隆三が死んだ。78歳だった。沖縄が返還される前年、沖縄返還協定阻止闘争を取材していた佐木隆三は、沖縄移住を決意する。デモで警官が死亡した事件にかかわったとして逮捕され、12日間警察に勾留された上で釈放される。「作家だからリーダーと思った」と警察は説明したが、誤認逮捕だったことを後に認めている。

1973年に千葉市へ戻った佐木隆三を東京12チャンネル（現テレビ東京）の「ドキュメンタリー青春」が取り上げた。演出は田原総一朗、インタビューを担当したのは私だった。このシリーズでは沖縄密約問題で毎日新聞を後にやめた西山太吉も取り上げ、その年の放送批評懇談会部門賞を受けている。42年前のことだ。佐木隆三は76年に「復讐するは我にあり」で第74回直木賞を受賞し、社会派作家として活躍するようになった。

私たちにとっては沖縄返還は意味深い問題として心の底に沈殿することになる。そして、私にとってはことさらに許し難い現実として存在し続けている。佐木隆三の死がそれを更《さら》に蘇《よみがえ》らせてくれた。

51

不服従の証し

さて復讐ではなく、ここで復習しておくことにしよう。

敗戦によって、すでにアメリカ軍の占領下にあった沖縄は基地の島として固定化される。サンフランシスコ平和条約により、日米安保条約が調印され、朝鮮戦争終結と同時に、米ソの冷戦がますます激化した。沖縄はアメリカの重要な極東最前線基地になった。60年安保によって、日本全土がアメリカの盾となる。基地の74%は今でも沖縄に存在するが、軍事力の強化は拡大の一途をたどった。68年に小笠原諸島が日本に返還され、沖縄の復帰がようやく日米間の政治課題になった。

日本が望むのは、沖縄の本土並み復帰だったが、アメリカが極東の最大基地を手放すわけもなかった。そこでさまざまな密約が水面下で進行する。すでに核兵器、化学兵器の弾薬庫が沖縄には存在しており、平和憲法に違反するばかりか、非核三原則にも触れていた。

日本政府は日本国民をだまして、71年に返還協定に調印し、翌年5月に沖縄返還を果たす。時の佐藤栄作首相はノーベル平和賞を受賞するという欺瞞《ぎまん》すら甘受し、基地削減、治安保全など沖縄県に約束したあらゆる改革を反故《ほご》にしたまま引退する。

日米地位協定、基地負担の拡大を受け入れ、アメリカの傘の下で日本の安全を守ると

51

いう理屈がそれから公然化した。当然、市民運動は怒りの声を沖縄全土に蔓延《まんえん》させる。つまり市民運動の原点は国家権力に対する市民的な不服従の証しである。いつか個は連帯する。

それぞれの1票で

19年前の橋本竜太郎首相、モンデール駐日米大使が普天間基地の返還を表明した。ところが、政府自民党を中心にする歴代の権力者は怠慢そのものだった。

今さら、普天間の危険など口にしてほしくない。安倍内閣の、安保法制を実現し、辺野古新基地を造ること自体が横暴かつペテンなのである。歴史的に見ても沖縄市民が基地を承諾したことなどただの一度たりともない。沖縄市民が反対の声を上げるのは当たり前のことなのである。

菅義偉という悪代官は、市民運動を「雑音」と称してはばからない。安保法制反対の国会前デモに耳をふさぎ続けた安倍晋三と同じただの人でなしなのだ。無法者の口から「法に則《のっと》って淡々と…」なんて言葉を聞くのは、盗っ人猛々しい譬《たと》えどころではない。市民を愚弄《ぐろう》するにもほどがある。絶対許してはならない。

衆院予算委員会で10日に行われた閉会中審査で、赤嶺政賢議員の質疑に安倍首相は顔を上げて答弁することができなかった。独裁強権が露呈した醜い姿でもあった。

なにしろわずか27％の得票率で3分の2の議席を権得している自民党なのだから、これを覆すには、同じ手を使うしかない。つまり、残り73％の死に票に息を吹き返らせたらよろしい。反自民を一本化すれば可能なのである。

沖縄の歴史を思い出してみよう。琉球王国時代にまで溯《さかのぼ》るまでもなく、「市民」としての「我」が、それぞれの1票を大切にすれば日本中の市民が「オール沖縄」に準じることができるのである。これこそが民主主義の原理である。

佐木隆三の「復讐するは我にあり」を胸に秘め、誤った強権政治にアグラをかいている安倍一族を滅ぼそう！

２０１５年11月16日（矢崎）

51

日本人とワ人

52

気楽な仲間との宴会で、鍋をつつきながら、ある若手の市会議員が言った。「沖縄のひとからウチの議会に書面が届いたんですよ。辺野古反対ばかり報道されるが、沖縄でもわれわれのような賛成者は多い、だから外部に訴える、おたくの市議会で賛成決議してくれ、みたいな」。よその議会のことだから関係ない、放っておけ、ということになったのだが、市議たちは判断材料を持たない、興味も薄い、議論もできない、というのが実態で、「しかし議論がない、というのもねえ。でも、ぼくも国政問題、よくわからないんで聞きたいんだけど、千夏さん、実際のところどうなんです、沖縄のひとたちは」。

自分の意見はあるけれども、政治分析などとても苦手な私は、戸惑いつつこんな返事をした。「私の印象では、沖縄では政財界にマスコミも含めた大半が反対している」。先ごろ、観光で沖縄に行ったOLが頷《うなず》きながら言った。「バスガイドさんなんかも、フツウに堂々と反対意見言ってましたよ」。彼女と私が、沖縄県民が反対するのは当然だという話をがやがややったあとで、市会議員が言った。「ぼくはね、なんだかんだ言ったたって県民が選挙で選んだ知事と議会が反対しているわけだから、民意が反対なんでしょ、それをおれっちがどうこう言うことはねえと思うさ」。そうだそうだ、とみんなが同意して、話はほかへ移った。

公選でできた体制の施策は民意、とは、いかにも市議らしい正論だ。そうか、沖縄では今、反辺野古が「体制」なのだ、と改めて思い知り、感慨深かった。他県の市議会に協力を訴える辺野古賛成の沖縄県人は、さしずめ反体制運動をしていることになる。だからといって親近感は湧かないが。

日本人の恥、誇り？

ところでこの宴会は、伊東でささやかな市民運動をする者たちの小さな会、名付けて〈原子力いいんかい？@伊東〉の忘年会。文字通り、3・11福島原発事故をキッカケに作ったのだが、伊東市民の暮らしに影響する、と思われることは何でもテーマにして、勉強会やイベントをやってきた。この日も昼間に「まぜこぜ塾」なるものの第1回を開いていた。

言い出しっぺは件《くだん》のＯＬ。私が雑談に古事記や日本文化について話すのを聞いて興味を持った。古事記や和風がもてはやされてきている、愛国的でどこかヘンだと思っても、

52

52

知らないからちゃんと反論できない、教えてほしい、と言う。ノセラレて「専任講師」を買って出た。どんな文化でも、あれこれ影響しあいまぜこぜの上に独自の花が咲いている、まぜこぜこそが本質だ、そこを見よう、というココロ。ついでに私は、このところ離れていた記紀を、復習して楽しんでいる。

第1回の成果は、記紀や中国史書や歴史事実から「日本・ヤマト・ワ」に迫り、私自身もようやくくっきりシワケができた、ということだ。多くがはっきり本質を掴まないままに、これらの言葉を使っている。その曖昧な隙間に、剣呑《けんのん》な愛国主義が入り込む。

日本人とワ人とを、我が塾では峻別《しゅんべつ》することにした。日本国籍を有する者すべてが日本人である。人種は問わない。だから、日本人の恥とか、日本人の誇りとか言う場合には、日本国籍を持つあらゆる人種の恥や誇りを考えなければならない。つまり、軽々にそんな言い回しはできなくなる。

強要されたヤマト魂

その日本人の大多数がワ人であり、公用語がワ語。倭・和などの漢字を使わないのは、漢字が持つ歴史的政治的な意味を排して、ある人種・言語を示すラベルに限るためだ。

そして、ヤマトはイデオロギー言語に他ならないことを、見極めた。右翼が好むから、ではなくて、成り立ちと意味からして強烈なイデオロギー言語なのだ。奈良大和を本貫《ほんがん》とした古代天皇政権は、本拠地のみならず自身が征したとみなす地域および人民をヤマトと呼んだ。飛んで幕末期、天皇制を待望する国学者がこれを称揚し、明治の近代天皇政権がこれを活用し、昭和天皇政権が一層、激しく利用した。天皇一族の母語に過ぎないヤマト言葉を他地域他人種にまで押しつけた。天皇の領地を守るためには命をも捨てて戦う魂にほかならないヤマト魂を、人民に強要した。

そして1945年以降、象徴天皇の制度があるとはいえ、日本はレッキとした議会制民主主義国家となった。ことさらに天皇制を求めたり称揚したりする意図がないかぎり、現代ワ人が自らとその国をヤマトと呼ぶ根拠はない。ましてワ以外の人種も混じる日本人が、天皇制を渇望してもいないのに、自国をヤマトと称し、ヤマト魂を称えるのは、冗談ならまだしも、マジメなら滑稽だ。

今も沖縄では、他県のひとを指してヤマトンチューと言う。沖縄がつい先ごろまで天皇制の外側にあった証拠だろう。しかしこの節、日本列島に天皇の人民は居ない。だからヤマトンチューも死語になるといいなあ、と思う。悪口としては、ナイチャー、いや、アベンチューなどいかがだろうか？

２０１５年12月22日（中山）

53 戦後はまだ終わらない

新春早々、不快なニュースが飛び込んできた。北朝鮮による「水爆実験に成功」というもの。うんざりするばかりか、滑稽そのものとしか言いようもなかった。

もちろん、国連はじめ世界各国は即座に反応した。「許せない」「新たな制裁を！」「国際秩序を乱す暴挙」などの相変わらずの非難ばかり。安倍首相に至っては、「安保法制を成立させたことの意味が鮮明になった」と我田引水どころか、馬鹿まる出しのコメントを発表した。

核爆弾が抑止力になった時代はとうの昔に終わり、国連の安保理常任理事国である米・露・中・英・仏の大量保有国に対し、廃棄・縮小が進められているのが現状である。北朝鮮が「自衛的措置」などと正当化しても、笑いものにされるだけである。

核の脅威が皆無というわけではない。すでにインド、パキスタンも持っているし、イスラエルや日本の沖縄には米軍によって持ち込まれている。どのような間違いが起こるか計りかねるし、万一にもテロリストの手に渡らないとも限らない。つまり、核廃絶こそが世界唯一の願いなのだ。

狡猾な日米政府

第2次世界大戦が終わると、世界中で独立戦争が相次いで起きた。中国の国共内戦に続いてインド、パキスタンが独立し、1949年に中華人民共和国が成立する。間なしに朝鮮戦争が勃発、これはアメリカとソ連による代理戦争で3年後に休戦協定が調印され、南北に朝鮮半島は分断される。悲劇の始まりでもあった。

アジア、アフリカ、中東で燎原《りょうげん》の火の如くに戦火は拡がり、第2次世界大戦の戦勝国がすべてに介入した。フランスの植民地だったベトナムは、ホーチミン率いる北ベトナム軍が、ソ連の支援を受けて優位に立ち、アメリカが参入する。1965年に北爆開始。これが以後10年に及ぶベトナム戦争の始まりだった。

沖縄の米軍基地から連日爆撃機がベトナムへ飛ぶ。それにはいわゆる化学兵器の枯葉剤が積まれ、大量に散布された。当然、日本は国連から非難される。泥沼化するベトナム戦争の最中に、沖縄返還が進められたのは、いろいろな思惑あってのことだった。

日本政府もウチナーンチュも市民運動の人々も「本土並み返還」を主張。ことに基地からの撤退をアメリカに強く求めた。アメリカ側はベトナム戦争を理由に戦争終結後の基地開放を提示。本土並みどころか、占領継続のまま1972年5月にようやく返還が実現する。その後1975年4月30日にベトナム戦争は終わったが、約束は何ひとつ果たされなかった。日本にある米軍基地の74％は沖縄に今も存在する。

アメリカのやってきたことも酷《ひど》いが、日本政府は自国民の側に一切立つことなく、反省のカケラすら見せたことはない。これこそが歴史的な現実であって、私が憤りを覚えてならないのは、普天間問題は19年前に撤退が決まっているのに「危険除去は急務」と今になってホザいている日米政府の狡猾《こうかつ》さにある。

辺野古基地など断固として造らせてはならない。経緯を考えても、これまで沖縄が負担してきた何倍もの賠償を要求して当然だ。もちろん日米安保条約のような戦争の火種になるだけの約束は即時破棄するしかない。

もうそんな時代じゃない。戦争を続ければ人類は滅びてしまう。第2次世界大戦の戦勝国の犯罪を暴くことによってしか、未来はやって来ない。国連の機能を重視し、あらゆる紛争を地上から消滅させる。それを世界中の人が肝に銘ずるしかないのである。

打倒安倍政権を

私たち日本人にとって最優先の課題は、当然のことながら安倍政権を打倒することである。現在の自公の衆参の議席は半数を超えている。しかし、実際には有権者のわずか20％程度の得票数によって獲得された結果であり、単なるカラクリである。

次期選挙では憲法改正に必要な衆参での3分の2要件を満たす議席数を獲得する作戦を立てている。これを許してはならないのは当然である。国民の3分の2ではなく、数のマジックを使って改憲をしようというやしい魂胆を許してはならない。

今年の7月には参議院選挙が実施される。この選挙で自公を半数割れに追い込めば、とりあえず改憲を阻止できる。野党による選挙協力なしにはこれは絶対に不可能である。打倒安倍政権への第一歩はここから始めるしかない。

戦争法案の強行採決を私たちは忘れてはならないと思う。怒号が乱れ飛び、与党議員が賛成を叫び続ける騒然たる中で可決された。国会を取り囲む市民たちに一顧だにしなかった独裁者の顔を忘れてはならない。

辺野古新基地を強行する安倍首相は、沖縄県民の顔を見ようともしない。翁長知事を無視し、ひたすらアメリカに迎合する。この卑劣な独裁者にはかつての帝国日本の復活しか頭にない。

沖縄から米軍基地がなくならない限り、日本の戦後はまだまだ続く。

２０１６年1月18日（矢崎）

53

反原発と反基地

54

革新自由連合についてはこの連載に書いた（本書88ページ）。１９７７年の発足には各種著名人が名を連ねた。学者もたくさんいた。

クイズ番組の常連だった鈴木武樹さん（ドイツ文学、当時明治大教授、故人）は別として、学問とは縁遠い若い芸能者だった私には、初めて聞く名、初めて見る人ばかりだったが、あとで知ってみると、そうそうたる学者たちだった。おかげで、ウンドウしながらいろいろ学ぶことができた。

宇井さんと高木さん

公害を研究対象とし、その摘発と撲滅に全霊を打ち込み、東大ではがんとして「助手」（現在の助教）のままを通した宇井純さん（環境学、後に沖縄大学教授、故人）もそのひとりだ。東大のセンセイなどというものにお目にかかったのは、宇井さんが初めてだったろう。少しも偉そうにしない普通のオジサンだったので、私ものびのびとお付き合いさせていただいた。

宇井さんを講師に勉強会も開いた。水俣、足尾銅山、志布志湾など、問題を抱える地域に引率していただき、地元のひとたちの話を聞いた経験は、「名子役」から「アイドル」の道をノンキに歩いてきた世間知らずの私には、ほんとうに有難《ありがた》い社会勉強だったと思う。

もちろん、公害の仕組みや汚染水の浄化方法など、技術的な知識も講義していただいた。その一環としてだったと思う。「原子力発電については、このひとに聞くといい」と言って、高木仁三郎さんを連れてきてくださったのだ。

高木さんは、物理学者として東大の研究所で核を研究するうち、原子力発電の危険に震撼《しんかん》し、また、一般人民には事実を知らせないまま建設が進むことに憤り、大学を離れて「原子力資料情報室」(現存)を設立したばかりだった。研究者と一般人民が原子力の情報を共有できる初の仕組みだ。穏やかでわかりやすい高木さんの解説を聞いて、私も震撼し憤り反原発の意志を持った。

原子力発電といっても、原子から電気が生まれるわけではないと知ったのだ。水を加熱すると出る蒸気で発電タービンを回す仕組みは、火力発電と変わらない。その加熱に火ではなく核分裂を利用する。言わば、たかが湯を沸かすのに、原爆と同じ原理の核分裂を使う。当然、運営には多大な危険が伴い、あげくに、多量の核廃棄物、有害な放射性物質を作り出す。その確実な処理方法を、まだ人類は知らない(あれから30数年たった今も知らない)。そんな代物をどんどん建造するなんて、どうかしている。

１９８０年に立候補する時、選挙のチラシに「原発反対」と私は書いた。だがウンドウの最優先課題にはならなかった。今にして思えば、世界をまたにかける政官財マスコミぐるみの原発推進ムラに目隠しされて、ことの重大さに直面できなかったのだろう。不明としか言いようがない。２０１１年3月11日、福島第1原発を襲った大地震、大津波が、やっと私を覚醒させた。

高木さんはすでに11年前に世を去っていた。しかしこのたびは、私同様、福島ショックで覚醒したひとが研究者にもマスコミにも法曹界にも政官財界にもたくさんいた。原子力資料情報室もあった。一般人民も原発ムラの悪魔的な強さを再認識すると同時に、原発は安い、原発が無ければ電力が足りない、原発は環境によい、などはウソだとはねつけるだけの知識を持てたし、原発に替えて自然エネルギーを推進しよう、という知恵も技術も持つことができた。脱原発運動は確かに１９８０年代よりも練磨《れんま》されている。皮肉なことだが。

核兵器の準備

原発と米軍基地は別問題ではなく、同根だと私は思う。そんなに安全なら「東京に原発を！」という本を書いたひとがいた。同じことが基地にも言える。どちらも地域は、わずかばかりの恩恵と引き換えに、多大な危険を引き受けさせられている。そして、どちらも、親米もしくは従米に偏向した日本の外交政策が生み出しているものだ。さらにどちらも、戦争を積極的に遂行するための施設だ。80年代にはまさかと思っていたが、今は、原発は米国政府の意向によって、主として日本が核兵器を保持する準備に運転されてきた、とはっきり見えている。だから反原発も反基地も根本の敵はひとつ、日米政府だ。

最後に、どちらにも希望がある。原発も沖縄の米軍基地も長い間、人民の視野から隠されてきた。それがこのところ、やっと広く意識されるようになった。共闘のために、辺野古や福島を目指す若者が伊東にもいるのだ。

2月9日、数々の原発訴訟を被害者側で闘っている河合弘之弁護士を招いて、彼が作った「日本と原発」上映会を伊東でやった。河合弁護士も高木さんから原発を学んだという。3月5日には、高木さんの後輩に当たる物理学者、小出裕章さんの講演会を開く。ふたりとも、自分の分野で、人民の側に立って脱原発を進めようとするエキスパートだ。誰だって人民の側に立って考えれば、結論は明らかだろう。原発も基地もいらない。いらないのである。

2016年2月16日（中山）

54

安倍政権の失政を許さない

私は「国民」という言葉が好きではない。国に属しているかのような印象がある。かつて少年時代に少国民と呼ばれていた。尋常小学校が突然、国民学校に変わった。馴染《なじ》めなかった。そんな過去があるからかも知れないが、私たちは「人民」である。人民が嫌なら、「人」でもよい。大衆というのは、いささか差別的である。こうしたことにこだわる文学者や表現者は身近に沢山いた。神経質でありたい。「国民の皆さん」と平然と訴える政治家は、どこかしら上から目線で怪しい者ばかりだ。

その一人、安倍首相の話から、今回も始めたい。最近、失政続きで支持率が下がっているのは事実だが、まだまだ意気軒高である。

3月13日の自民党大会でも、「国民の皆さん」に向けて次のように叫んでいた。「自民党は与党公明党と共に、安保法制によって国民の安全を守り、夏の参議院選挙を勝利して、憲法改正への道を開く覚悟です。民主党と共産党の野合を許してはなりません」と。

こんな危険人物を支持する人がいるなんて、とうてい信じられない。

71年間の隷属

沖縄県と国が争っていた名護市辺野古の埋め立て承認の取り消しに伴う一連の訴訟で、突如、国側が和解を受け入れ、辺野古の工事が中止された。むろん、このことは何の解決にもなっていない。その証拠に県側と話し会う前に安倍首相は、「普天間飛行場の辺野古移転は必ず実現する」と平然と宣言した。裁判所の和解を受け入れるというのは、まず翁長雄志知事と自らが話し合って解決点を見つける姿勢があって当然なのだ。

追い打ちをかけるべく、菅義偉官房長官は、「(仲井真前知事と交わした) 同意内容に基づいて、これからも確実に一つ一つ進める」と、強気な発言を繰り返している。

本来ならば翁長知事の要求を認め、まずアメリカ政府に変更を打診するのが、日本政府の仕事ではないのか。これまでにも再三言ってきたことだが、普天間基地の移転が決められたのは、19年も前のことだ。海兵隊員の不祥事がキッカケであり、安倍首相が常に口にする普天間飛行場が市街地にある危険度を除去する必要性とは無関係である。

しかも、実行に移さなかったのは、歴代の政府 (主に自民党) の怠慢以外のなにものでもない。民主党政権は県外移設を計画したが、アメリカの圧力に屈した。占領下から今日まで、アメリカの非道は許し難い。いくら戦争に負けたからと言って、71年も隷属を受け入れているのは、いかなる理由があっても、異常な事態としか他に言いようもない。

55

経済も外交も

安倍政権の失政については、数え上げたらキリがないが、第一に経済政策がことごとく失敗に終わっていることだろう。デタラメな金融緩和とマイナス金利によって、日本国債の信用は失墜寸前にある。赤字国債は1千兆円を遥かに超えているし、消費税導入によって人々の生活苦はどこまで続くか見当もつかない。

間もなく現実化するTPPは、日本の医療、農業、畜産など多くの分野で破綻を招くことになるだろう。甘利明担当大臣の失脚で隠蔽されているが、やがて大混乱が起こる可能性が高い。日本の議会は騙《だま》せても、アメリカの議会は承認しないのではないか。

安倍首相がこの3年間最も力を入れてきたバラマキ外交が実際には何ひとつ効果を上げていないことも大きい。むしろ国際的な反感すら買っている。伊勢志摩サミットにG7の首脳が揃うかどうかも疑問である。

思えば「任命責任は私にある」と、どの閣僚や国会議員の不祥事についても答えている安倍首相だが、NHKの籾井勝人会長同様、辞任の気配はサラサラない。「憎まれっ子世にはばかる」では済まされないのだ。

ついでに、ＮＨＫについて書いておこう。最近では安倍首相の御用放送機関と化しているが、どうせなら公共放送なのだから、国会会期中はあらゆる委員会をリアルタイムで中継したらどうか。

私は国会中継は可能な限り観ることにしている。ただ流すだけだから、何より信用できる。ほとんどは退屈で価値に乏しい質疑応答ばかりだが、それだけに事実をリアルに伝えてくれる。野次然《しか》り。

大抵の閣僚と国会議員は言葉を知らない。実に稚拙である。一押しも二押しも足りない。安倍首相に至っては、野党議員からの質問に正しく答えないばかりか、とんちんかんな自説ばかり述べ立てる。いくら注意されても止めないから、病気の一種だろう。

ＮＨＫは人々の受信料と税金で運営されているのだから、視聴率など気にせずに、質の高い番組作りに専念したらよろしい。大河ドラマや朝ドラなどは楽しみにしている人も多いようだが、出演者の多くは顔が売れると、民放のＣＭに出まくる傾向にある。つまり俳優ではなくタレントばかりなのだろう。しかもこれが政権与党と大企業に寄り添っているのだから酷《ひど》い。公共のために存在して欲しいのはＮＨＫより政治家の方々だけど……。

２０１６年３月21日（矢崎）

55

「攻められたら」

56

「攻めてきたらどうするんですか？」

10歳あまり年下の友人に、真面目にそう尋ねられた。彼も、どちらかと言えば軍備に反対なので、タカ派の論客のような難詰の調子は少しもない。さて、どうするだろう？と考えて、なにもしない、と私は答えた。彼は不得要領な顔をした。どこかスレ違っているな、と思ったが、話はそれきりになった。

どこがスレ違っていたのか。4、5日、時々考えて、やっとわかった。私が知る彼は、温和な、自由を愛する、戦争嫌いで原発には大反対の、いわゆるリベラルだ。しかし、あの瞬間、確かに彼は、私とは違う立場、国家主義に立って考えていた。マスコミ世論に触発されて。

週刊誌かなにかで中国脅威論を読んだ、「それを盲信するわけじゃありませんが、でも、絶対に攻めてこないとは言い切れないでしょう」という前置きだった。「国を守ろうみたいな気は、ぜんぜん無いんですよ、でも故郷は守りたいし、家族は守りたい」とも言っていた。だから「攻められた時になんの備えもないのは、無責任かなという気がする」と。

地図上の幻想

　スレ違いどころを理解した時、そうか、こうやって軍備は進んできたのだ、と今更ながら感じ入った。彼やおおかたのひとびとは、家族や故郷と国家を、一繋《つな》がりだと思っている。実は違う。親しいひとびととしての家族、懐かしい住処《すみか》としての故郷。それに対して国家は、人間関係の絆でもなく、思い出に満ちた地域でもない。国家とは、政治が作る、地図上の幻想に過ぎない。そのことを、多くのひとびとは曖昧にしたまま暮らしている。

　だから軍拡派は、敗戦後どんどん人気を失っている愛国心を鼓舞する必要はないのだ。家族や故郷、それと国家との違いをいっそう曖昧にさせるだけでいい。その上で、家族や故郷への愛と献身を煽《あお》るだけでいい。1970年代に流行《はや》った「戸締まり論」はその有効な手段だった。非軍備派は、国家は家屋と違うから鍵はかけられない、と対抗したが、それは喩《たと》え話を揶揄《やゆ》するだけの力しか持たなかった。今は、スタンダードな仮想敵国論が、「無いとは言い切れない」という科学的分析的な装いで、無邪気なリベラルを取り込んでいる。

人民の敵

　国家が、ということは国家経営に与《あずか》る者たちが、他の国家に勝とうという意志を持った

56

時、国家はあらゆる人民の敵になる。金力でも武力でも、勝ちたい国家は自国他国を問わず人民を食い殺す。戦争、公害、薬害、原発、反戦反基地デモ弾圧と、勝ちたい国家による人民攻撃の例は数限りない。それに気付き、国家とはよく言っても必要悪だ、と確信したのは、いつごろだったか。とにかくその時、私の語彙《ごい》から「我が国」という言葉が消えた。使わない、のではなく、使えなくなった。我が母、は言える。我が故郷、も言える。だが「我が国」は冗談にも言えない。私にとって日本国は、心底から完全に客体化したのだ。

だから、仮想敵国がもし攻めてきたらどうする、と問われた時、当然、私は、私個人への問いと受け取り、考えた。さて、被害は戦況や住処、また運によって異なるだろう。伊豆に住む私や友人への脅威はどのようなものか、浜岡原発事故の放射能被害よりずっと想定が難しい。まずは様子見となるだろう、だから、とりあえず、「なにもしない」。

彼が不得要領な顔をしたのは、それではあまりに無防備、無責任ではないか、と思ったからかもしれない。しかし、自分や家族の安全を国防軍備に任せることこそ、よほど無防備無責任だろう。日本国家が盛大な軍備で臨んだ太平洋戦争の時、ひとびとは逃げ惑うことしかできなかった。国家の軍事行動によって、多くの家族は破壊され故郷は焦土と化した。家族や故郷を守るのに武力を選ぶなら、個人で軍備したほうがまだ実効がある。そうだ、個人で武装したほうがいい。人間には武装して自らの安全を守る権利がある、という、少なからぬアメリカ合州国民の主張は、決して間違ってはいないのだから。

むしろ、個人の武装は危険だ、という日本人の多くが持っている観念は間違っている。正しくは、個人であろうが国家であろうが、武器を持つのは自他に危険なのであり、ただ、個人の武装のほうが国家の武装より、人民の被害が小さいだけである。だから私は個人としても非武装をとる。

憲法前文

それにしても、改めて感動する。激しく都市化した日本、見知らぬ他人だらけの日本の繁華街を、みんな丸腰で闊歩《かっぽ》している。不運にも暴漢の攻撃を受けて死傷するひとはあるが、だからといって自衛の武器装備に走るひとはまずいない。そして群衆はおおむね無事だ。これはまさに、憲法第9条の実現ではないか。憲法前文を借りれば、繁華街の丸腰の群衆は「平和を愛する諸人の公正と信義に信頼して、自身の安全と生存を保持しようと決意し」ているのだ。そして、その決意が安全保持の有効な方法であることを、大多数群衆の無事が証明している。

2016年4月18日（中山）

56

ペリー氏の「個人的」謝罪

ペリーというアメリカ人のインタビューを読んだ。こういう記事は大抵不愉快になるのでほとんど読まないのだけれど、東京新聞（5月22日）の1面トップ、〈沖縄遺棄事件　ペリー元国防長官〉〈「米政府は心から謝罪を」〉という大きな見出しにひかれた。

沖縄でなら「アノ事件」だけで通じるだろう、米兵による少女暴行事件当時、クリントン政権下で国防長官だった人だという。

2面の「詳細」を読んでみると、インタビューはオバマ大統領の広島訪問について、大統領に影響を与えている人物として、持ちかけられたもののようだ。その話に続けて記者が、〈沖縄の女性の遺体が、元米海兵隊の軍属の男に遺棄された。あなたが国防長官を務めていた1995年にも、米兵による少女暴行事件が起きた〉と持ち出す。私なりに要約すると、彼はこう答えた。「米軍の者が、日本で悲惨な事件を起こした場合、米国防長官はすぐに深く謝罪し、再発を抑える処置をし、かつ軍属も含めて規律を徹底すべきである」

公人の行動

彼自身、事件を知ってすぐ、ワシントンから東京へ飛んで、〈家族と日本のみなさん〉に深く謝罪した、とも言う。しかし再発防止になにをしたかについて、具体策は無い。記者が〈事件はその後も起きている〉と追ったのに対しては、ただ一言〈その通りだ〉。おや、と思ったのは、「謝罪」に必ず「個人的」が付くこと。見出しに反して「米政府は謝罪を」、とは言っていない。〈国防長官〉は〈個人的に誠実に深く謝罪〉すべきである、自分は〈個人的に責任を感じ〉〈個人的に謝罪した〉、念をおすように、〈政府と政府の間の公式なものではなく個人的な謝罪をした〉。

この「個人的」がわからない。米国防長官が個人的に？　国の長の行動が個人的？　ありえない。特に、〈国防長官〉は〈米軍全体の行動と規律に責任がある〉と言いながら、謝罪に個人的を強調するのは解せない。彼がもし一般アメリカ人だったら、個人的に責任を感じても、わざわざ日本へ謝罪に行きはしなかっただろう。それだけ考えてもこの「個人的」はナンセンスだ。国防長官の謝罪は、公的謝罪でしかありえない。

およそ公人の行動は、当人が個人的なつもりでも、周知になってしまえば、それはもう公的行動になる。暴くマスコミが悪いのではない。公人の行動を暴くのがマスコミの

57

正道なのだから。公人には個人的行動は無いのだ。個人的行動に留《とど》めておきたいのなら、極力、隠密に行い、のちに公言したり回想録に書いたりしないのがスジだろう。まあ、死に際に言い残すくらいのことはいいけれども。

この人の「個人的」の用法が、米国の公人たちの共通認識だとしたら、日米の公人というものは、ほんとうによくソリが合う。靖国参拝を個人的な行動だと言いはるのと、そっくりではないか。ペリーさんがにわかに胡散臭《うさんくさ》く思えてきた。

提督の子孫

実は、この記事にひかれたのにはもうひとつ理由がある。ペリーという名前だ。小笠原諸島に興味を持ち、その歴史を少々学び、米国の艦隊いわゆる黒船は、まず沖縄を、次いで小笠原を襲ってから浦賀に来たと知って以来、黒船事件が教科書を飛び出て身近に迫るようになった。だから元国防長官の名を見て、おや、あの辣腕《らつわん》軍人政治家ペリー提督の子孫かしら、と興味を持ったわけだ。調べてみると、いかにも同族。提督は5世代前の伯父に当たるという。

ついでに略歴も知った。気が重くなった。私が生まれる前年に高校を卒業して米軍へ。すぐに占領中の日本に駐留。東京に少し、沖縄に1年半。除隊後、いくつかの大学で学び、スタンフォード大学で数学の博士号を取る。軍事産業に就職。兵器開発を専門とし、4年後、自社を設立。以後、軍・学・政・産の協働を体現したような人生を送っている。まさに軍事大国ならではのエリート。いくら米国が押し付けたのです、と言っても、彼が日本国憲法第9条を尊重するはずがない、と気が重くなった由縁だ。

間違いなく彼は、軍事最優先のエリートだ。規律強化で〈事件をゼロにすることはできないが、その可能性を抑えることはできる〉と言うのは、民間の被害はやむを得ない、ということだ。基地あるかぎり、沖縄人民の安全は保障できないと、彼は承知している。それでも基地は必要なのである。だから事件によって、もし〈在日米軍への態度が悪化するのなら、私たちは自らの判断で立ち去るだろう。私たちは日本にいたいからいるのではなく、日本の安全に必要だと考えるからそこにいる。日米両政府は、その必要性をあらためて明言すべきだ〉。

お為《ため》ごかしの脅し説法、なるほどペリー提督の子孫である。こういうひとたちが後ろ盾だからだろう、オバマ大統領の広島演説は、原爆投下に米国の責任を一切認めず、よって謝罪もしなかった。公的にも個人的にも。

2016年6月20日（中山）

57

参院選まで6日

58

参院選がいよいよ終盤を迎えた。ところが一向に盛り上がらない。大事な国政選挙に違いないのだが、与野党の争点がまったく噛み合ってない。それどころか、各党首の遊説は、誹謗《ひぼう》中傷の域をほとんど出ていない。

最大の原因は、来年4月に予定されていた消費増税が、2年半延期されたことにある。一部の廃止論を除けば、主張はほぼ一致していた。経済政策に違いはないのだが、自公政権は景気回復中と言い、野党の多くはアベノミクスの失敗を説いている。

では、実際に国民生活はどうなっているのか。消費は低迷し、格差は拡大している。明らかに社会保障は後退し、多くの問題が放置されたままになっている。つまり解決されたという実感が全く伝わってこないのである。

新聞広告で自民党は、まるで詐欺まがいの宣伝をやっている。本紙にも掲載されているから見た人もいるだろうが、少し内容を説明しておこう。

安倍首相の顔写真の横に、いわゆる選挙スローガンがある。「この道を。力強く、前へ」。なんとでも取れるあたりが、実に抽象的で明らかに何かを胡麻化《ごまか》そうとしている。

その横に幾つもの数字が並んでいる。つまりこれが安倍政権の実績というつもりなのだろうが、すべて都合の好《よ》いものを羅列したにすぎない。負の部分を明らかに隠している。その下にヒロシマを訪問したオバマ大統領と安倍首相が、平和記念碑の前に並んで立っている写真がある。いくら同盟国とは言え、他国の元首を選挙広告に使うのは、一種のルール違反であろう。大変、失礼である。と、同時に卑しい。

オバマ大統領の希望は、妻のミシェルさんと二人の娘と共にヒロシマを訪問することだった。それを公式行事にしてしまったのは、日本政府の要望によるものだった。成果なく低調だった伊勢志摩サミットから目を外《そ》らさせる作戦だったのかと疑いたくもなる。その上、選挙利用とはあまりに乱暴ではないか。

争点は山ほど

選挙で争点にしなければならない問題は、実は山ほどある。

改憲に必要な3分の2以上の議席を阻止するために野党4党が1人区に統一候補を擁立している「憲法問題」がある。閣議決定で集団的自衛権を拡大解釈した憲法違反への疑義、安保法制（戦争法）の強行採決も大きく絡んでいる。

「辺野古新基地建設」も重大な争点である。しかも米軍による不祥事が続き、日米地

58

位協定の見直しが強く求められているのが現状だ。沖縄県民の怒りはピークにまで達している。絶対に新基地は造らせてはならないことは自明の理だ。

福島原発事故の教訓を全く生かそうとしない「原発再稼働問題」も大きい。地震国である日本に、そもそも原発は危険すぎる。地震だけでなく、日本ほど天変地異の多い国は他にない。これまでも明らかなように、災害対策ですら万全でない安倍政権に、もっと批判が集まって当然であろう。

そして、「政治と金」は具体的な事実が起きているにもかかわらず、うやむやにされようとしている。甘利明元TPP大臣、舛添要一元都知事の二人は、いまだに説明責任を果たしていない。本来ならば安倍首相の責任がもっと追及されて当然である。身内に甘い体質こそが、正されなくてはならないのだ。

ワイロと虚偽のアンダーコントロール発言で招致に成功した、汚れた東京五輪を実現してもいいのかという疑問も残る。金融破綻に直結するような問題もあちこちから噴出している。要するに争点のない選挙ではない。実におかしいではないか。

58

世界中に難問

英国のEU（ヨーロッパ連合）離脱が国民投票で決定したが、円高株安などの目先のことではなく、国際社会にとって、これほどの大問題は他にない。国境を無くし通貨を統一しようというEUの理念は、平和を求める人類の大きな希望でもあった。

英国の離脱がEU加盟諸国にとってどれほど重いものかを私たちは真剣に考えなくてはならない。

それでなくても、世界は難問をたくさん抱えている。紛争による難民は日々増加し、地球温暖化があちこちに大災害をもたらしている。その上、国際社会が不安定要素を拡大すれば、どのような事態が発生するか計り知れない。

均衡が崩れることによって、戦争の火種は広がっていく。既に機能が低下しつつある国連で、どこまで対処できるかという不安は募るばかりだ。

◇

6日後に投票日を迎える参院選に、どんな一票を投じるか。この決断は重要である。選挙権が18歳に引き下げられた初めての国政選挙でもある。若い有権者に期待したいのだが……。ともかく勇気ある清き一票を！

そして民主主義を信じようではないか。

日本の夜明けは、闘う沖縄からやってくるに違いないと思う。

2016年7月4日（矢崎）

58

59

客観報道とは？

どんどん傾いている。

うちでは、全国紙をひとつ、地方紙をふたつ購読している。地方紙は東京（朝刊）と伊豆（伊東版）。全国紙は朝日（朝刊）。

伊豆新聞は我が地元紙だし、毎週エッセイを連載している縁もある。東京は、福島原発事故のあと、はっきりと反原発を打ち出しているのを知って、応援のつもりでとり始めた。朝日は、ひとつくらいは全国紙を見ないとマズイだろう、となると見て気分がそう悪くならないのは、これくらいだろう、というので購読を続けている。

故・羽仁五郎さんは「新聞をいくつもよく読め」と言っていた。そして、将来によいニュースは青鉛筆で、悪いニュースは赤鉛筆で囲むと、時勢がよくわかるのだと。さもありなん、とは思うが、気が向かないので新聞は一面をざっと見るだけ。それでも３紙あると、なにやら景色が見えてくる。

東京と朝日は、そっくりなことがよくある。伊豆新聞は、地元のニュースに徹しているので、別格である。たとえば8月6日は、トップが〈按針《あんじん》ウイークスタート〉〈按針祭は夏の伊東市のビッグイベントだ〉、第2が〈湯川に「ドン・キホーテ」〉であった。

朝日のトップは〈情熱の炎リオ輝く〉、これが紙面の大半を埋め、脇に〈広島きょう原爆の日　被爆71年〉が関連記事の目次をかねて少し。東京は〈陛下のメッセージ8日15時に〉〈象徴天皇の在り方　公務の思い伝える〉が大トップ、並んで原爆ドーム写真つきの〈きょう71年　広島原爆の日〉があるが、その下の〈9条守る〉〈「これは私の信念」蓮舫氏民進党代表へ〉のほうが目立っていた。

翌日7日、朝日はカラー写真3枚つきで〈熱戦　号砲〉のリオがトップ、その脇の原爆忌ルポ〈核なき世界へ連帯〉〈オバマ氏演説引用　広島平和宣言〉はいかにも力無い。同日、東京はトップに原爆忌のルポを、〈非核の願い　見えぬ道筋〉の大見出しで、暗く伝える。

そして両紙とも、長崎の原爆は無きに等しく、今日（9日）は、天皇の「お気持ち」表明が大トップだ。時期が時期だけに、彼の父親の敗戦宣言ラジオ放送を連想してしまった。

2紙ともにどんどん傾いている。

59　権力に与する

新聞に限らず、報道に意図のない中立はありえない。1973年、青森市のとある小

59

村の勇者たちが、市当局を相手に半年以上、闘争し、ついに勝利し、村が肥溜めにされる難を逃れた事件（青森市小館地区し尿生捨て計画事件）があった。ひょんなことから村人に加勢するなかで、25歳テレビタレントの私はそう気づいたのだった。『話の特集』に連載した同時ルポに、私はこう書いている。

〔〝客観的に、事実のみを報道する〟ということにケチをつける気持ちはさらさらない。しかし、〝客観的である〟ということが〝中立的立場をとる〟という形で現れてきた時、私は眉にツバをつけた。（中略）ある対立の片方に、客観的に見て非があることを知りながら、両者を、加害者と被害者を、同一線上に置いて、どっちもどっち、みたいな捉え方をするのが、中立と云《い》えるだろうか。（中略）新聞が全ての事実を報道できない不完全な客観である限り、全ての事実からどの事実を選ぶかという時に、意図は生まれる。その事実を、どのような形でどんな言葉で記事にするか、という時に意図は生まれる〕

（「におえる王国」『中山千夏・偏見レポート』所収）

考えは今も変わらない。さらに世の中を見て、考えはより強固になった。意図のない報道はあり得ない。暴力的モンスターに等しい権力と丸腰の人民の対決を、あたかも客観的中立で見たかのような報道には、明らかに権力に与《くみ》する意図がある。人民寄りが明らかな報道こそが、民主主義社会の客観報道というものだ。

沖縄2紙の「幸運」

沖縄タイムスと琉球新報は偏向している、という批判は、そのことがわかっていない者、つまりは民主主義がわかっていない者の意見だ。もっと言えば、政府権力に与《くみ》する意図を持つ者の意見だ。私の目には、2紙ともに、文句なく公正中立に見える。そして、内地の報道は、見るも無残に偏向している。沖縄の報道と見比べれば、それが歴然とする。もっとも、内地の報道人はこう言うかもしれない。今、沖縄では、世論と有権者の選択とが一致していて、体制と人民が同じ側に立っている。つまり人民側に立つのは体制側に立つってことだ。やりやすいよなあ……。

沖縄のその幸運は、同じくらい大きな不幸から生まれている。そして、今もまた、さらに大きな不幸におびやかされながら、沖縄は闘っている。邪魔をしないこと、それ以上にはなんの能もない私の祈りは、どうか沖縄が1948年の済州島のようなことになりませんように、ということだ。だから、現総理の妻の軽率な行動には、呆《あき》れると同時になんとも腹立たしく、こら、このナイチャーの恥さらし、とつい悪態をついてしまったのであった。

2016年8月15日（中山）

59

永六輔さんと沖縄

ここはどこだ　いまはいつだ
なみだは　かわいたのか
ここはどこだ　いまはいつだ
いくさは　おわったのか

ここはどこだ　きみはだれだ
なかまは　どこへいった
ここはどこだ　きみはだれだ
にほんは　どこへいった

流された血を
美しい波が洗っても
僕達の島は

60

それを忘れない
散ったヒメ百合を忘れはしない
君の足元で歌いつづける

(以下略)

「にほんのうた・沖縄」(作詩＝永六輔　作曲＝いずみたく　歌＝デューク・エイセス)

日本全国の都道府県をテーマにした47曲が完成したのは1970年だった。むろん沖縄は本土復帰以前である。祈りと願いが込められたこの歌を、どれだけの人が覚えているだろうか。今も強いメッセージが伝わってくる。
辺野古新基地反対の訴えが歌声に乗って流れている。ここはどこだ、いまはいつだ。

敗戦を迎えた少年永六輔は、戦争の悲惨さに打ちのめされた。空襲で焦土と化した東京を始めとする都市群、肉弾戦を味わった沖縄、そして広島・長崎への原爆投下。その痛みは果てしなく大きかった。

二度と繰り返してはならないという思いは、片時たりとも忘れることはなかった。永六輔は反戦平和を誓って、それからずっと旅を続けてきたのである。

60 何度も訪れることで、東京・浅草生まれの永さんは、沖縄を第二の故郷《ふるさと》と胸に刻んだ。

敗戦直後に三線職人の又吉眞栄さんと出会い、ずっと沖縄での父として慕い続けた。 60

メートル法反対

74年、話の特集社は、はじめて入社試験で大学新卒5人を採用することになった。その中に沖縄出身の青年がいた。パスポートで早稲田大学に入学し、復帰2年目の春、卒業して入社試験を受けたのである。当時、話の特集の役員でもあった永さんは、試験官の一人として面接試験に参加した。選考に迷う私にこの青年の採用を進言したのが永さんだった。履歴書にあった「那覇高校野球部」に注目したらしい。採用が決まった。

この青年が後に琉球新報社長になるとは思いもよらなかった。現社長の富田詢一さんが社会人になったのは42年前のことだ。

永さんがメートル法に反対して全国行脚する「六輔七転八倒九百円」（話の特集主催）の最初の同行者が富田クンだった。曲尺《かねじゃく》鯨尺《くじらじゃく》の違法販売も兼ねた危険な旅でもあった。第1回は仙台を皮切りに青森、秋田、福井、石川（金沢）を巡る10日間の長旅だった。それから10年、永さんは尺貫法を復活させ、この旅を終えた。

テレビで沖縄基地反対のCMを作ったのも永さんである。覚えている方もいるだろうが永さんが出演する「浅田飴」のCMは当時、大人気だった。「せき・こえ・のどに浅田飴」

がキャッチフレーズ。基地を離着陸する米軍機の大爆音の下で、この言葉を声限りに叫ぶ。今にして思うと、こんな冒険が許された時代でもあった。

ジァンジァン

復帰後は永さんの沖縄行きも頻度を増した。国際通りのなみさとビル地下にライヴハウス「ジァンジァン」をオープンし、名古屋から高島支配人を呼んだ。若手の芸人が中心のステージで、入場料は格安だから、満員になっても赤字続きだった。穴埋めも兼ねて「ソプラノブス（黒柳徹子）とテノールバカ（永六輔）」という大ホールでの公演もやった。

元ニュースペーパーの松崎菊也さんが「他言無用」（すわしんじ・石倉チョッキ）を結成し、旗上げ公演で沖縄巡業の企画を立てた時には、永六輔、中山千夏、小林啓子（歌手）、そして私の4人が参加して読谷村と那覇市民会館の2カ所で公演した。

話は戻るが、富田クンが話の特集をわずか3年で退社し、沖縄へ帰った理由は、今もって謎のままである。ある日、突然「沖縄へ帰る」と私に辞表を提出した。やっと一人前の編集者に成長した矢先の出来ごとだった。決心は固い上に、私の「琉球新報」の友人宛に推薦状を書かせたのだから呆《あき》れた。

60

しかし、後になってみると、私たちは沖縄に礎石を据える結果となったのである。ことに永さんにとっては富田クンはどんなに大切な存在だったか計り知れない。

岸信介によって60年日米安保は強行され、その弟・佐藤栄作の密約で沖縄復帰が実現された。時の総理二人のペテンが、今も罷《まか》り通っている。その被害を最も受けているのが沖縄であることは言うまでもない。

永さんは琉球文化の保存研鑽《けんさん》にも熱心だった。真喜志康忠さんとの交友が深かったことは富田社長から聞いて知った。琉球の歴史を繙《ひもと》いて度重ねてラジオで語り、守らなくてはならないみんなの沖縄を伝えてきたのも永さんであった。

２０１６年７月７日、永六輔は永眠した。83歳だった。死してもこの沖縄との絆は決してゆるぐことはないだろう。

２０１６年９月19日（矢崎）

「プロ市民運動家」

最近、ネットでよく見かけるようになった。沖縄の反基地運動をやっているひとたちの「正体」を指摘する記事である。いや、指摘というより、暴露といったほうが、彼らの口調にぴったりくる。

レッキとした大手の出版物もあれば、無名な個人のブログもある。反基地運動をしているひとは「沖縄の一般市民」ではないことが判明した、と言う。してその「正体」は？「全共闘」である、はたまた「ナニナニ派の活動家」である、など言うのを見て、そぞろ懐かしくなった。成田空港建設反対運動を思い出したのだ。

支援者の「正体」？

あの時も、反対運動をしているのは地元民ではない、というキャンペーンが大々的にはられた。私は、空港建設に抗《あらが》う成田住民の意見に、強く同情、共感しながら、さしたる支援もせずに生きていたが、まったく無関心なひとたちよりは、いくらか実態を知っていた。現地を何度か訪問して、直《じか》に見聞してもいた。今に名を残す成田三里塚の果敢な百姓たちが、必死で国家権力に抗しているのを知っていた。同時に、多くの学生や活動家や政治家が、成田へ入っているのも知っていた。調査したわけではないから、住民と外からの支援者との数の比率はわからないながら、もともと少人数の村が狙われたのだから、大きな反対行動では、支援者のほうが多いだろう、と思っていた。

そして、それがなんだと言うのだ?と思っていた。反対する地元民の言い分を聞いて、彼らが正しい、と確信する。なら多勢に無勢の彼らに加勢するのは、勇気ある正しい行動ではないか。彼らの意向を最大限に尊重しながらの加勢は、学生であろうと活動家であろうと正しい、と思った。なかには当事者の意向を顧みない者もあるだろうが、大半の支援者はこの一心太助的心情で動いているに違いなかった。

むろん暴露記事の筆者たちは、支援者にそうした善意を認めない。ほんとかうそか知らないが、自分が、あるいは誰かが知ったこととして、とある支援者の悪意…カネ目当てや騒乱目的…を言いたてるのだ。まるでそれが支援者の大多数であるかのように。

お定まりの手段

労働運動にせよなんにせよ、運動が当事者だけで行われていないことを指摘し、「支援者の正体暴き」をし、当事者と支援者を分断して、運動の弱体化を図る。それが、民主主義に目覚めた人民が団結して権力に抵抗するようになって以来、権力とその追随者がとってきた、お定まりの手段である。いくつかの運動を見たり支援したりしてきて、そう気がついていた。

だが、今回のそれには、ううむと唸《うな》った。支援者の正体として、学生や活動家と並んで、いやそれを圧する勢いで「プロ市民」という言葉が出てきたのだ。プロ市民！ 市民にプロとアマがあるとは知らなかった！と皮肉を言うのはやめにして、筆者たちの意を汲《く》めば、これは「プロ市民運動家」を略した言葉だ。学生でもなくナントカ派の活動家でもなく、いわゆる市民運動としてあれこれ各地の運動に頻繁に参加しているひと、を指している。間違いなく、社会的運動のなかに、市民運動という分野が確立した現代であればこそ、出来た造語なのだ。もうひとつ言えば、たとえ市民運動であろうとも、熱心にやりすぎると、こうして差別化される、ということを示す造語なのだ。

沖縄の意向大切に

私の理解では、いわゆる市民運動とは、永続的な団体としての力を頼まず、完全に個人としての判断で、その時々に関心を持った社会的問題を、他と誘い合って解決しよう

61

61

とする運動である。つまり、個人として確立した、社会に関心の深いひとによる運動であり、いわば昨今の市民運動の隆盛は、そういう市民がやっとこの社会にも育ってきた、民主主義社会になってきたことの証《あかし》だろう。市民運動にどんなに没頭しようと、市民は市民、アマもプロもない。今は我が世代のヒマ老人が多いことでもあり、他県にまで出向いて運動する熱心な市民が多い。それをプロと呼ぶのであれば、アマ市民とは、自分に直接関係しない社会問題には関心を向けず、行動しない市民のことでしかない。

　これはまた、市民への弾圧を容易にする造語でもある。基地に反対して座り込むひとびとが一般市民だと思ったら、乱暴に排除するのは気が引けるだろう。しかし、これはフツウの市民ではない、プロ市民だ、と差別化してしまえば、気楽になれるだろう。

　私は基地に反対する沖縄県人の意見に同感している。そして、その反対運動に他県から参加するひとたちがあるのは、当然だと思う。プロでもアマでもどんどん加勢していい。ただし、沖縄の意向を大切にしたい。運動の主導権は沖縄県人に！　これは昔日、女性解放運動のなかで、ああしろこうしろと言う男性たちにうんざりしていた私の思いだ。

２０１６年10月17日（中山）

トランプ氏勝利

アメリカの大統領選で共和党のドナルド・トランプ氏(70)が勝利したことは、全世界に衝撃を与えた。

独立以来、アメリカ大統領は政治家あるいは軍人に限られてきた。トランプ氏は大富豪にして実業家。資格外のアウトサイダーだった。しかも、特徴は極めつきの差別発言と大言壮語の持ち主だ。

全米のあらゆるメディアが、民主党のヒラリー・クリントン前国務長官(69)が、女性初の大統領になると、世論調査をもとに予想していた。もともと共和党の泡沫《ほうまつ》候補だったトランプ氏に勝ち目はないと断定していたのである。

ところがヘイトスピーチ男が当選してしまった。翌日には各地で反トランプデモが起こり、カリフォルニア州では独立運動にまで発展している。加えてＦＢＩ陰謀説、不正投票説さえ取り沙汰《ざた》され、実にかまびすしい。

実際に総得票数ではクリントン氏がトランプ氏をおよそ１００万票上回っており、投票率の低さがメディアのクリントン楽勝報道に影響された結果だとする論評もある。だ

62

いのである。

が、選挙結果は重い。アメリカ国民も、全世界も、トランプ大統領を受け入れるしかな

62

落とし穴に嵌る

あえて私感を述べるならば、今回の大統領選は、民主主義の落とし穴でもある選挙そのもののカラクリにまんまと嵌《はま》ったように思えてならない。時としてどの選挙にも起きる現象のひとつとして、予想外の結果が起きる可能性がある。

選挙制度そのものに欠陥がある場合も少なくないのだ。振り子が異常に振れてしまう。つまり、納得のゆかない結果が公然と罷《まか》り通ることになる。

例えば現在国会で単独過半数の議席を獲得している自民党は、日本の有権者の20％の支持票でしかない。衆参両院で実施されている比例区でのドント式では、圧倒的に大政党が有利で、いわゆる死に票の山を築いている。さらに違憲の疑問がある1票の格差が拡大する現状も見過ごされている。もちろん有権者の意識も、低投票率を支えているからである。

つまり、日本ではお世辞にも民主主義が正しく実行されているとは思えない。

もっとも世界のほとんどの国が民主主義を標榜《ひょうぼう》しているのに、綻《ほころ》びばかりが目立って

いる。どの政権も問題を抱えているように見える。ひとつには国民が政治に無関心であっても、権力者がむしろその傾向を歓迎しているケースが蔓延《まんえん》していることだろう。それでも選挙制度が存在している国家はマシな部類かも知れない。強権国家にあっては独裁が当たり前だし、民意そのものが忖度《そんたく》されない。揚げ句は暴動が起きたり、紛争が激化したりする。難民があふれる。

まさに混迷の色濃い世界情勢の中で、アメリカという超大国でトランプが大統領に選出されたのである。注目するしかない現実が私たちを直撃したわけだ。どう対応するか。

アメリカ第一主義

トランプ氏が掲げているのは、アメリカ第一主義《ファースト》、それに伴う徹底した保護主義である。簡単に言えば、アメリカさえ良ければ、他国などどうなっても構わない独善的な考え方だ。当然、世界も、日本も、そして沖縄も大きな影響を受ける。

オバマ大統領に手を焼いていたロシアのプーチン大統領は、トランプ氏を歓迎している。おそらく、中国、北朝鮮をはじめとして、民族紛争や内戦状態にある国々も同じだろう。アメリカが内向きになることを望んでいる国にとっては、とりあえずトランプ氏に好感を持っているように見える。

62

一方、日本、韓国などの同盟国はあわてている。アメリカとの関係が変化することを危惧しているからだ。安全保障面での均衡が壊れかねない。安倍政権がゴリ押ししているTPPは既に崩壊寸前にある。

トランプ大統領が来春正式に就任しても、急激な変化はないだろうが、選挙中の公約は果たさなくてはならない。日本がいろいろな面で窮地に立つことはあり得ると思う。

沖縄についての認識は、トランプ氏はゼロに等しい。まず歴史的にわかっていることは皆無に近いだろう。その上、現在の安全保障上の諸問題にどう向き合うかも定かではない。

71年前に占領したまま基地化し、その後も継続してきた経緯については、何ひとつ理解していないだろう。もちろん上下院の議会で多数を占めている共和党のスタッフがフォローするに違いないが、同盟関係が弱体化する可能性がある。駐留軍の削減または撤退も場合によってはあり得る。

普天間移転による辺野古新基地が、波紋を起こしていることに対して、どう対処してくるか。私は沖縄にとってチャンスかも知れないと思う。敵に回すより味方につけよう。

それにしても、世界情勢は急変している。反グローバリズムの勢いは衰えることはないだろう。ここは諦めることなく、安倍政権打倒を心の糧として渋太《しぶと》く生きるしかない。

２０１６年11月21日（矢崎）

大阪府警機動隊の悪罵

２０１６年ももう終わる。窓外で冬は晴れ渡っているが、気持ちは暗い。朝から不愉快な記事を見たからだ。1面トップに大きく〔辺野古沖縄県敗訴確定へ〕(12月13日東京)。なんとしてでも早く辺野古に移設を、という国策に寄った進行だ。近年、上層にも下層にも渦巻く国家主義の暗雲から、予想してはいたものの、不快である。三権分立はどうした、県と国は対等だろうが、なんだなんだ、この裁判長の名前からして悪辣《あくらつ》だ、と人権信者にあるまじき悪罵まで頭に浮かぶ始末。

根本から間違っている

悪罵といえば、辺野古での大阪府警機動隊男子の悪罵は酷かった。代表的なひとりの動画をネットで見ただけだが、あれは「土人」がいいの悪いのというレベルではない。ほかの言葉も態度も、まるで、自分自身の組のデイリに臨んでいるヤクザの手下だ。いったい彼は、自分の立場をどう認識しているのか、とても不思議だった。

のちに、この動画を見て大阪府知事が述べた言葉を知って、呆《あき》れつつもナルホドと思った。「表現が不適切だとしても、一生懸命命令に従い職務を実行していたのがよくわかりました。ご苦労様」。つまり、大阪府知事の命令に一生懸命従って職務を実行している姿が、反対派人民にヤクザみたいな喧嘩腰《けんかごし》で挑み悪罵を投げつけることだったのだ。代々、大阪府知事はちょっとヘンだが、現府知事も充分おかしい。知事自ら地方自治を蹴飛ばしている。

そもそも警察権は地方自治体に属する、と聞いている。他県に出張るにしても、それは他県の要請に応えて、ではなかったのか。それは私の無知であって、沖縄に集結している他県の機動隊員は、日本国の要請で出張っているのだろうか。あるいは米海兵隊の。そうであれば、現沖縄県知事と同じ意見を掲げて抗議行動しているひとびとに対しての、ヤクザ風喧嘩腰もわからないではない。それにしたって、警察官の役目は、どんな場合も騒動をおさめることだろう。芝居か本気か知らないが、あんな挑発行為を「職務を一生懸命やっている」とは、大阪府知事、やっぱり根本から間違っている。またはフザケている。

わかるのはおかしい

あるブログ・ジャーナリストがこんなことを書いていた。

63

彼が発した「土人」は、旧来の差別的意味ではなかろう、彼は29歳なので、そんなに古い差別感は無いはずだ。最近ネットで流行《はや》っている意味合いで言ったのだろう。補償金を得て暮らしていることへの批判を込めた「福島土人」という言い方があるが、それと同じ感覚で、言ったのだろう、と。

「福島土人」とは、初めて聞いた。呆れた。この評論は論旨がスコッと伝わってこない。全体として、自分に火の粉のかからない場所に立つよう務めながら、どちらかと言えばネット右翼の顔色を多く気にしている、と窺《うかが》えるだけだ。しかし、上記の「土人」の意味合いに、きちんと批判を述べていないことだけは確かだ。むしろ、批判する気持ちもわかる、と言っている…ように受け取れる。

ほんのちょっとでも、わかるのはおかしい。なぜ補償金を受けさせられたのか、を考えるなら、福島の原発被害者も沖縄の基地被害者も、まったく非難できないはずだ。それなのに、悪罵でもって彼らを傷つけるなんて、絶対にわからない。わかるのはおかしい。件《くだん》の筆者は、そういう発言をするひとたちのことを、最低の時給で働いているひとたちと想定して、悪意に理解を示そうとするが、それは妬《ねた》み嫉《そね》みを受け入れることだ。まして機動隊員は公務員なのだ。妬み嫉みで目の前の一般人に八つ当たりするなど、もってのほか、と言うべきだろう。

原発の非　忘れさせない

いや、怒ってばかりいても始まらない。判決は20日とか。そのあとどうするか。県民のみならず我々ナイチャーも、考えておかなければ。そう言えば先日、福島県浪江町の吉沢正巳さんとゆっくり話す機会があった。浪江町は、原発設置を拒否し続けていたにもかかわらず、あの大事故で、町のほぼ全域が高放射能を浴び、事実上、消えてしまった町だ。

吉沢さんはその町の、福島第1原発の排気塔がよく見える地で、330頭あまりのウシを飼っていた。そこで津波、次いで原発事故にあい愕然《がくぜん》とする。だが、数日後には奮い立ち、「決死救命、団結!」と決意を大書した車で国や東電に押しかけ、補償を求めると同時に、原発廃止運動を始めた。ウシは殺処分、牧場には立ち入り禁止、その国策に抵抗して、今も被ばくウシの世話を続けている。賛同者と共に「希望の牧場」を称し、原発の非を忘れさせない闘いを続けている。あの機動隊員ならまさに「土人」と呼ぶだろう。やむなく陥った特殊な生活に、吉沢さん自身、迷いもある。しかし、理不尽に抗する気概は燃え盛る。

私はとても励まされた。そうだ、補償金がなんだ、たったひとりになっても理不尽にはノウを言い続けなければ、人間ではない!

2016年12月20日（中山）

幼稚な安倍外交

「本年が人々にとり、穏やかで心豊かに過ごせる年となるよう願っています」

「年頭にあたり、わが国と世界の人々の平和を祈ります」

新年恒例の一般参賀での天皇の言葉に、異変があった。従来の「国民」から「人々」に表現が完全に改められたのである。少なくとも、上から目線でなく、水平目線になったと私は思った。

内容そのものは例年とほとんど同じだが、さりげない変化を見逃してはならない。天皇自身に新しい覚悟のようなものが宿ったと考えられる。断っておくが、これはあくまで私感である。

「生前退位」希望

昨年8月8日、NHKのビデオ放送で「生前退位」の希望（いわゆる「お気持ち」）が述べられ、大きな反響を呼ぶことになった。発表の経緯は現在に至っても明らかにされていないが、日本政府は事前に関与していなかった。後にNHKにスクープだったと

64

する賞が与えられたことも、これを証明している。

安倍首相率いる自民党が、憲法改正に着手し、その草案に天皇を「象徴」から「元首」にするとした。明白に明治憲法の復活である。1889（明治22）年、大日本帝国憲法と共に「皇室典範」が発布されている。新憲法になっても「皇室典範」は旧来とほぼ同じ内容で継承された。ただし、一般の法律と同列になった。

8月8日の天皇発言は「皇室典範」の変更を求めたものと受け取られてしまった。現在、安倍内閣の要請で有識者による「生前退位」審議会が開かれているが、人選そのものが極めて政治的であり、公正中立を欠いている。

こうした現実を考えてみると、天皇の動静には注目すべきだと思えてならない。

現在の明仁天皇は、皇太子時代の1975年に沖縄を訪れ、ひめゆりの塔で、火炎瓶を投げられる事件も起きた。昭和天皇は在任中に沖縄へ足を運ぶことはなかったが、現天皇はその後再訪を果たした。それだけでも重いシンパシーを持っているように思える。今年の年頭の言葉には、沖縄の「人々」に対する思いも当然込められているに違いない。

事なかれ主義

日本のマスメディアは、腫れ物に触れたがらない。常に事なかれ主義であり、人々の正義に目をつぶり、今や権力の傀儡《くぐつ》に成り下がっている。

その顕著な例がオスプレイの「墜落」である。アメリカの報道機関は「墜落」としているにもかかわらず、日本では沖縄の新聞を除いて「不時着」と報じている。米軍の発表をそのまま伝えているのである。もちろん政府や防衛省の見解も米軍寄りだ。日本で起きた事件は、日本の警察が関与して当然である。地位協定を拡大解釈するばかりか、「遺憾」などとごまかしている場合か。全く噴飯ものとしか言いようがない。

事故原因とされているオスプレイの空中給油が再開された。1カ月もたたずに米軍は強行した。日本政府は抗議すらしない。こんなデタラメがまかり通っているのだから呆《あき》れる。問題だらけのオスプレイを17機も導入する。これこそ、頭がおかしい。1機100億円もベラボーだが、税金のムダ遣いそのものだ。絶対に許すわけにはいかない。

64

自己決定権

日本語の「自決」には、二つの意味がある。(1)自らが決断して自分の生命を絶つ(2)他人の指図を受けず自分で自分のことを決める。

第2次世界大戦で沖縄は唯一、住民が地上戦を体験した。敗色濃い中で、日本軍は沖縄の民間人に自決を強要した。

64

米軍は沖縄を占領し、極東の基地にした。それは今でも変わらない。同盟国だから、日米安保で守られているから等々、理由はともかく沖縄にだけ負担を押しつけているのは、日本外交が意図的に基地を認めたことに最大の原因がある。

今、翁長知事のもと沖縄は自決（自己決定権）の道を主張している。これは自然の成り行きであり、日本政府が沖縄の言い分を少しも聞かないのだから当然の帰結である。

戦争が終わって71年間、外国の基地が存在している現状が異常だと思わない方がおかしい。平和を口にするなら、戦争に直結する基地がどれほど不可解かを知るべきだろう。

安倍外交は迷走している。アメリカに基地を提供しながら、ロシアに北方領土の返還を迫っても実現不可能なことくらいわからないのか。アメリカ抜きではあり得ないTPP条約をどうするのか。トランプ対策も全くもって幼稚そのものである。

困ればたちまち神仏に頼る国民性にも問題はあるが、自決の覚悟がないのだから、日本に安寧《あんねい》など無いものねだりだ。

確かに世界は経済によって支配されている。しかも独裁が横行しているのだから恐ろしい。ナチスドイツの時代があちこちで顔をのぞかせている。このままでは世界大乱になる。

私たちは自決する道を模索するしかあるまい。そのためにも、一日も早く安倍政権を倒すしかない。

2017年1月16日（矢崎）

差別丸出しＴＶ

１９６４年、東京オリンピックの会場で賓客をもてなす女たちのことを「ホステス」と呼ぶ、そうお偉方が決めた。女主人の意味を持つこの英語は、当時、新鮮だった。その頃、酒場をとりまとめていた業界は、酒場で接客に従事する女性をどう呼ぶか、に悩んでいた。「女給」が一般的だったが、もっぱら男客の相手をする職業への差別感が付着して、イメージが悪くなっていたのだ。そうか、オリンピックではホステスと言うのか、シャレてるなあ、これでいこう、ということになった。マスコミもこの呼称に飛びついた。当の女性も歓迎した。ホステスは、バーやキャバレーで接客する女性の呼称としてすっかり定着した。

しかし、差別というものは、実態がある限り、どう呼称を変えても、その呼称に差別感が付着してしまうものである。長年、使われてきたが、匂いが鼻についてきたので、そろそろほかの言い方が模索されているところだ。

以上は、少々の調査を元に私がでっち上げたストーリーだから、学術論文には引用しないでいただきたい。

65

男たちの遊び場

さて、64年当時、高校1年生だった私は、69年、ホステスになった。ワイドショー番組などで司会者のアシスタントを務める女子が、もっぱらそう呼ばれていたのだ。当人たちもそれを喜んでいたから、まだ、オリンピック当時の健全な語感だったのだろう。だが、思い返すと、その実態はまさに酒場のホステスと同じであった。時はウーマンリブ前夜、上野千鶴子は大学生、福島瑞穂は中学生、よほどの女でなければフェミニズムを知らない頃とて、TV局そのものが、性差別を良風美俗、美しい日本の伝統と信じて疑わない男たちの遊び場だったのだ。

女のアナウンサーはいたが、大多数のニュース番組では、女に政治経済のニュースは読ませなかった。ドラマ以外の番組では、ほかでよほど突出した女がちらほらメインを務めてはいたが、おおむね主役は男。ナミの女タレントはアシスタントと決まっていた。期待されるその仕事は、まさに内助の功であって、当人の意見や行動ではなかった。私がウレたのは、意識したわけではないが、そのカタを破ったから、そんな出過ぎる女タレントがまだ珍しかったからなのだ。

原作モノのユイショ正しい時代劇でも不必要に女たちが裸に剥《む》かれ、トークでは女の生き方を男たちが指図していた。番組制作の実力者は全く男たちだった。そんな世界を

65

泳いでいたので、知らず知らずに、ヘタなりに「男扱い」が身についたのに違いない。ＴＶを離れて何十年もたってから、ふと、自分の「男扱い」に気がつき、酒場でホステスをしていたような錯覚にとらわれることがあった。

念のためだが、酒場の接客業を見下げるのではない。ただ、性差別が常態の男たちの遊び場、という点で、ＴＶ局と酒場は全く同じであった、そこで働く女は、男たちの遊び相手、男を遊ばせる技術者として、同じ経験、同じ被差別体験をした、と言いたいのだ。

芸の無いタレント

65

しかし、あれから約半世紀、国連の女性差別撤廃条約（１９８５年）を経て社会は変わった。少なくとも法的には、性差別はずいぶん無くなった。

ＴＶもマシになったように思っていた。いや、あまり見ていない。さんざん出ていたくせに、と怒られそうだが、ＴＶは出るのも見るのも嫌いである。地デジの受信が悪いのをいいことに、地上波は見ないでいる。情報はネットで事足りる。だから、びっくり仰天したのだ、ＭＸテレビ「ニュース女子」の一端をネット動画で見て。

むろん〈のりこえねっと〉からの回状で知り、見た。題だけで怪しいとは思ったが、案の定、それは若いホステスをずらりはべらせての、性差別丸出し中高年男の遊び場だった。この時代に性差別丸出しなのだから、沖縄だってなんだって差別するのが道理である。遊びだから事実なんか気にしない。にやけたおっさんたちに胸が悪くなりながら、我慢して、見た。現地取材と称して、取材者がコワイコワイとふざけるあたりで、限界だった。先が短いのだ、不快なものは見たくない。

しかし、今時、こんなレポートをマジメに受け取る視聴者があるだろうか？思い出したのだ。昔、「川口探検隊」が「人跡未踏」の洞窟を探検する番組があった。そのヤラセはシロウトにもすぐ見破られ、むしろそのインチキ見え見えが愉快がられて人気になったものだ。

件《くだん》の現地レポートは、川口探検隊も顔負けの作品だ。現代のＴＶウォッチャーならたちまち喝破するだろう。問題は、その男たちがジャーナリストや評論家を名乗っていること。これは詐欺だ。虚偽の垂れ流しは報道でも評論でもない。実は彼らはＴＶタレント、それも芸の無い、ただ売れ筋狙いのそれである。

元ホステスの男を見る目に狂いはない。

２０１７年２月20日（中山）

66 安倍政権の横暴

失政どころか、不祥事だらけの安倍内閣が、6ポイント下がったとは言え、支持率が高い。3月11、12日に行われた世論調査の結果には呆然《ぼうぜん》としてしまった。

もっとも、新聞、テレビの世論調査は、いわゆる固定電話によるもので、年齢的には高い傾向がある。しかも回答を得るために誘導する場合が少なくないらしい。当然のことに真憑性《しんぴょう》が低い。だとしても、とうの昔に失脚してもおかしくない安倍政権が支持されている日本の現状にはうんざりしてしまう。

例を挙げるまでもないが、沖縄の民意は踏みにじられたまま、辺野古新基地の埋め立て工事は進行し、ヘリパッド建設への抗議活動中に逮捕された沖縄平和運動センター議長の山城博治さんは5カ月以上も不法に勾留されていた。こんな異常事態を惹《ひ》き起こしているのは、安倍独裁政権の横暴によるものだが、早期に息の根を止めなくては、日本は世界から孤立してしまうだろう。

66 臭いものに蓋

森友学園の騒動が連日報じられているが、国有地の不正払い下げばかりか、「安倍晋三記念小学校」の名のもとに、多額の寄付金が集められ、名誉校長に首相の妻昭恵氏が就任していた。籠池泰典理事長の背後に安倍一族がいたことは明らかで、このことだけでも、安倍首相は辞任すべきだろう。

ところが籠池理事長に引導を渡して、トカゲの尻尾切りを画策した。全く往生際が悪い。しかも籠池理事長に辞任会見をさせておいて、突然自衛隊の南スーダンからの撤退を発表し、マスコミの目を逸《そ》らすという奇策を講じた。あまりにも姑息である。

森友問題もPKO部隊の撤退も、多額の血税が使用されている。それなのに臭いものには蓋《ふた》を決め込んでいるのだから呆れてしまう。責任を取るつもりは全くないから、国会答弁ではキレまくっている。徹底的に追及して決着をつけてもらうしかない。

日銀による金融緩和は格差社会を助長させたばかりか、デフレ不況の打開には程遠い。アベノミクスは明らかに失敗に終わっているにもかかわらず、経済成長に成功したと偽っているのだから、まさに鉄面皮としかいいようもない。

赤字国債は1千兆円をはるかに超えて、国民の将来の負担が増している。アメリカの離脱でTPPも暗礁に乗り上げ、地球温暖化対策を理由に進めている原発の再稼働にしても、放射能汚染対策、廃炉処理問題に現在も背を向けたままである。

背後に国粋主義

実際に安倍政権を支えているのは、日本会議とセットとも言える神社本庁の存在だと思う。安倍首相は「自民党は改憲政党だ」と臆面もなく公言して憚《はばか》らない。

憲法を守ることが義務付けられている内閣総理大臣が平然として口にしているのは、明治憲法の復活であり、「改憲」ではなく、真意は「壊憲」である。今の憲法を破壊することが大儀だと安倍首相は信じて疑わないのだ。だから自らも日本会議に名を連ね、悪びれることがないのだろう。

昨年5月の伊勢志摩サミットで、各国首脳を伊勢神宮に連れて行き、日本が神の国であることをアピールしようとした。だから、「安倍はネオナチ」と批判した外国メディアがあったのも当然である。

安倍首相の行動を子細に点検すれば、民主主義の敵であることがはっきりわかる。選挙法を巧みに利用して国会で過半数を獲得するや、独裁者への道をひた走っているのである。

何事につけ背後にあるのは、極めつきの国粋主義であり、瑞穂の国森友学園とは一心同体なのだ。

66

日の丸を掲げ、君が代を歌い、そして教育勅語を暗唱させる。こうした精神によって安倍晋三は内閣総理大臣として君臨しているのである。これほど恐ろしいことは類がない。言うなれば民主主義国家にとっては、危険人物以外の何者でもない。

世界の右傾化が進んでいるという論調も最近よく見かける。だが、どこの国がポピュリズムを盾にナショナリズムを優先しようとも、日本は道を誤ってはならないと思う。日本人は冷静にわが身を思い知るべきだろうと思う。私たちは71年前に戦争に敗《ま》け、二度と戦争に加担しないと誓った。戦争放棄は人類の理想である。戦争の犠牲になった人々を決して忘れてはならない。

安保も基地も原発も要らない。地球で人類が生き延びるために、どうすればいいのか。それだけを真剣に考える時、人間としての理想を希求するしかない。

安倍首相のやろうと目論《もくろ》んでいる野心をたたきつぶすしかないと気付くはずである。今、国会議員の２８０人が日本会議議連に参加している。次の選挙で全員落選させる必要がある。

独裁者を断じて許してはなるまい。

２０１７年３月20日（矢崎）

教育勅語復活?

リンゴが1個ある。

芯の周囲は、半減期数十万年の放射性物質で汚染されている。表皮近くのいくぶんかは食べても異常なさそうだが、汚染を取り除くことはできない。そんなリンゴを子どもが食べようとしたら、たいていのオトナはあわてて止めるだろう。教育勅語は、そんなリンゴのようなものだ。汚染物質は明治政府の富国強兵国家主義。

一部の教育関係者が言うとおり、「教育勅語にはイイコトも書いてある」だろう。しかし、彼らが示すそのイイコトは、教育勅語を使わなくても、いくらでも子どもに伝えることができるものばかり。ありふれた道徳律だ。

それなのにわざわざ教育勅語を使いたがるのは、ありふれたイイコトのためではなく、教育勅語ならではの部分を子どもに飲み込ませたいからに違いない。

むろん、子どもをダメにしようとの悪巧みではない。彼らの「善意」を私は信じる。そこがやっかいなところだ。彼らは子どもに「良薬」を与えるつもりなのだ。「よい日本国民を育てる良薬」を。

私の考えでは、いや憲法が保障する基本的人権の規範では、「自分のアタマで考え動く自主自律の人間を育てる」教育だけが良薬で、「よい国民を育てる教育」は毒薬なのだが。

手っ取り早く、見ていたように話すなら、大日本帝国という近代国家を作り上げたおサムライさんたちは、何年かやってみて、はたと気づいた。「国民」がいない！

長い幕藩体制の間、一般の民草は、天皇を知らなかったし、幕府がどうなろうと関心なかった。首長として敬ったり憎んだりするのは、直接に年貢を取るお殿様であって、それとても、その身の上は我がことではなく、首長たちの間でイクサが始まると、いち早く逃げ出すのが常。首長も大方それを許した。民草の安全は「自己責任」だったのだ。

しかし、これでは近代国家は成り立たない。進んで働き国庫を太らせ、逃げずに兵となり国家のために生命を捧《ささ》げる、そういう国民なしに国家は成り立たない。国民を作らねば！

そこで明治のサムライたちは、国民教育に注目する。その嚆矢《こうし》が1万円札の顔、福沢諭吉だ。私は最近、膨大な諭吉の著作をざっと（主としてネットの無料「青空文庫」で）眺めて、その国民作りの熱心に感嘆した。代表作『学問のすすめ』（1872年＝明治5年から刊行）は、正しくは「国家に役立つ国民となるための学問のすすめ」である。「天は人の上に人を作らず、人の下に人を作らず、というではないか、だから身分上下の別なく『実学』（商売に役立つ学問）に励め、商売の役に立たない人文学は二の次にせよ、そうすれば下層の者でも立身出世しカネモチになり、国に役立つ」。煎じ詰めればそう言っている。

「天は……」は諭吉の言葉のように学校で教わったけれど、違った。国民全員分け隔てなく実学に励め、と言うために、西洋の憲法かなにかの一節を借りただけだった。

考えてみれば、そのはずだ。彼は近代天皇制を採用した大日本帝国の熱烈な支持者だった。帝国拡大の植民地政策にも夢を抱き、力を入れた。身分階級を否定する民主主義者、平等主義者であるわけがない。人間のなんたるかを探り、豊かさとはなにか、幸せとはなにかを考え、身分差別の否定に繋《つな》がりかねない人文学を退けているうえに、ほかのエッセイでは、はっきりと、「愚かな貧者は御しやすいが知恵のある貧者は御しにくい、だから貧者の教育には工夫がいる」と言っている。

こうした明治の国民教育方針を、さらに強化したのが教育勅語（１８９０年＝明治23年発布）だった。国家に自信がついたのだろう、もはや西洋の文句など利用せず、天皇の権威を活用し、「我が臣民」はどうあるべきか、を押し付けた。これを小学生に丸暗記させる教育が、太平洋戦争に負けるまで続いた。その教育は、権威に従い自分でモノを考えない国民を、みごとに育てた。そのはての戦争であり、敗戦だった。大日本帝国は滅び、非戦・人権憲法のもとに日本国が誕生した。

１９４８年、私たち団塊世代の誕生と同時に、教育勅語は廃止される。それからしばらく教育者たちは、国家主義と、それによる国民作り教育への警戒から、教育内容への国家の口出しには、敏感に反抗したものだ。義務教育で道徳を教えるなど、論外だった。だが、アメリカ合州国と組んだ明治の亡霊は強く、さらに強くなり、今や教育勅語による道徳教育が息を吹き返している。ゾンビのように。政府は２０１８年を「明治１５０年」として、大々的に「明治の精神」を喧伝《けんでん》しようとしている。

むろん明治の精神にも「イイトコロはある」だろう。しかし大半は、諭吉に明らかなとおり、民主主義国家の国民にとっては、汚染物質なのだ。かつて流行《はや》った俳句、「降る雪や明治は遠くなりにけり」を思い出し、私は願わずにいられない。明治よ遠くなってくれ！

２０１７年４月17日（中山）

歴史に学ぶ

権力者によって作られた歴史ほど過酷なものは、他に類がない。長い歴史を持つ琉球王朝が、薩摩藩の支配を受けるようになったのは１６０９年だった。維新によって明治政府が誕生し、１８７９年に「琉球処分（琉球併合）」が行われた。沖縄県として日本に組み込まれてしまったのである。

歴史に学ぶとすれば、第2次世界大戦直後に、沖縄は断固として独立を宣言すべきだった。その機を逸したままに、アメリカに占領され、名ばかりの本土復帰によって、再び地獄の底に落とされたのである。まさに、それが現在の姿とすれば、あの忌まわしい「琉球処分」はずっと続いている。

こういう分析を嫌う人もいるだろう。今や結果論でしかないわけだから、聞く耳持たぬと言われても仕方がない。それにしても、日本政府が今日《こんにち》やっていることは許し難い。あまりにも沖縄を蔑《ないがし》ろにしている。

「学校ごっこ」

２００２年2月、中山千夏（校長）、永六輔（旗手）、小室等（校歌）、矢崎泰久（教員）の４人は、「学校ごっこ」という市民運動を5年限定で立ち上げた。誤った歴史を拒否し、忠実に歴史に学ぶ市民学校を作ったのである。４人の他に講師として、小沢昭一、灰谷健次郎、筑紫哲也（いずれも故人）ほかの方々を迎えている。

歴史に学ぶことが如何《いか》に大切か。古代史から現代史までの幅広い分野から、それぞれが選択して、毎週金曜日の夜開講した。５年と区切ったのは、早く結果を出したかったからに他ならない。それほど加速的に世の中が悪くなっていたからである。

ただし、私の授業だけは11年後の今も続いている。歴史に学ぶことを検証し続けなくてはならないという決意からである。歪められた間違いだらけの歴史を正すだけでも体力が要る。生徒数は次第に減って、今では30人ほどが鋭意研鑽《けんさん》努力している。

小泉純一郎元首相によってもたらされた劇場型政治の悪癖が尾を引いて、デタラメにして乱暴な安倍政権が悪政を敷いている。倒すしかないことは言うまでもない。沖縄に対する蹂躙《じゅうりん》だけでも絶対許してはならない。

歴史に学ぶことは山ほどある。日米地位協定は、沖縄の主権を侵害しているという点で、琉球処分の条件とそっくりである。一日も早く破棄する必要が迫っている。

68 ジャーナリズム

オリバー・ストーンが製作総指揮した「すべての政府は嘘《うそ》をつく」というドキュメンタリー映画を観た。「真実」を追求するフリージャーナリストたちの闘いによって、世界中の政府が言語道断な不始末や悪事を繰り広げていることが徹底的に暴かれている。世界中が危機に瀕しているのは、一に大マスコミによる権力への加担が原因になっている。本来メディアは反体制でなければ意味がない。この映画に登場するジャーナリストたちの懸命なスタンスには脱帽するばかりである。

大マスコミから追われたジャーナリストたちが一念発起して、とことん真実を伝えようとする姿に思わず喝采を送ってしまう。とにかくマイケル・ムーア、カール・バーンスタイン、グレン・グリーンウォルドなどの稀有《けう》なスタンスに納得させられる。ことに「デモクラシー・ナウ!」というネット配信によって、全世界に特ダネを発信するエイミー・グッドマンの勇気には敬意すら払いたくなる。

「すべての政府は嘘をつく」にはトランプ大統領は当然としても、バラク・オバマ前大統領もメルケル首相も登場する。安倍首相や金正恩委員長などはもはや論外なのだ。フランスの新大統領マクロンも、間なしに俎上《そじょう》に載るだろう。

68

私がこの映画を観たのは「アップリンク渋谷」という上質なミニ上映館だが、順次全国での公開が企画されている。どうかアンテナを張りめぐらせて必ず観てほしい。ノーム・チョムスキーは「かつては、大衆を黙らせるために武力が使われました。現在では、メディアを利用して大衆をコントロールするのです」と警告している。日本の大衆は危険な状況の中で日々喘《あえ》いでいるのだ。

「2020年までに憲法を改正する」と安倍首相は公言して憚《はばか》らない。5月8日の予算委員会で、民進党の長妻昭議員の質疑に対して、「詳しく知りたければ『読売新聞』を読め」と安倍首相は答弁して物議を醸した。頭がおかしいとしか思えない。

嘘で固めた森友学園問題にしても「妻は私人」という呆《あき》れた答弁に徹している。こんなことが罷《まか》り通っているのが日本の政治かと思うと情けなくなるではないか。安倍内閣で一体何人の大臣が失脚したか教えて欲しい。任命責任を取って当然である。

辺野古埋め立ては、まさしく「琉球処分」そのものの流れの中にある。〈歴史に学ぶ〉しかない。度重なる不祥事を決して忘れてはならぬ。普天間基地は20年前に海兵隊と共に消えたはずである。

2017年5月15日（矢崎）

ミクロネシアに学ぶ

古書を買った。

『ミクロネシア・リポート　非核宣言の島々から』（日本放送出版協会1981年刊）。表紙の著者名が「NHK桜井均」となっている。当時、NHKの職員だった著者が、ドキュメンタリー番組の制作を通してミクロネシアに精通した、という事情からだろう。

ネット通販で送料コミの357円。届いたのを、早速開いて、おや？　なにか挟まっている。

簡素な名刺だ。白い地がすっかり黄ばんでいる。片面は英語、片面は日本語。〈テニアン市長　フィリッピー　メンディオラ　マリアナ群島　テニアン島〉あとは番地。

なるほどマリアナ諸島はミクロネシア圏内だが、その島の市長の名刺が、なぜ？

蚊帳の外

その疑問は、本を読んであらかた解けた。

69

そもそも古書でしか手に入らないこの本を読みたいと思ったのは、友人に勧められたからだった。ミクロネシアについてよく解説されているという。

東京都小笠原村父島に興味を持って、よく通うようになってから、小笠原の歴史や文化はミクロネシアと深くつながっているらしい、と知った。しかし、ミクロネシアのなんたるかについては無知だった。必要もないので（そう、知らなくても支障ない、それがまた問題なのだが）そのままだった。だから友人の勧めにすぐ従ったわけだ。

本書は地図上でのミクロネシアをまず図示し、こう話すところから始まっている。

〔私も、この地域を取材するにあたって、まず太平洋の地図をひろげ、ミクロネシアという幾何学的に区画された海域を頭に入れ、そしてその中に、島々の位置を一つ一つ確認する作業から始めたことを思い出す。〕

なんとミクロネシアとは、島々を指すのではなくて、まったくもって幾何学的な線で囲まれた領域の名だったのだ。その線は1920年、時の大日本帝国が要求し、国際連盟が承認した「委任統治領」の範囲だった。委任統治。その言葉を知ってはいた。しかし、その「委任」が、国際連盟と大日本帝国との間の話であるとは、知らなかった、というよりは、どういう委任なのか考えてみたこともなかった。そして、幾何学的な線内の島民には、蚊帳の外の委任であったと知って、仰天した。

思えばそのはずだ。

線は、サイパンのあるマリアナ群島、ビキニのあるマーシャル群島、アンガウルやパラオのある西カロリン群島、トラックやポナペのある東カロリン群島を囲んでいる。島の名も群島の名も、太平洋戦争の激戦場として、戦後生まれの私でさえ知っていた。むろん島は戦争当事国ではない。ビキニは、戦後、20回以上の原爆実験をした場所として知っていた。したのはアメリカだ。いつも島民は追い出されたり手伝わされたりしただけだった。

この地域の島々は、世界中の島々の運命に漏れず、「先進国」によって植民地化された。なんとか先進国に割り込んだ日本が、第1次世界大戦のどさくさに、ドイツの植民地だったこの島々を、取った。日本が国際連盟を脱退すると、その統治権を諦められない日本と、太平洋を押さえたいアメリカ合州国が激突し、島々は両軍によってさんざん荒らされた。日本が負けると、米国が取り、思うままに軍事基地を造り、原爆実験をした。

常套手段

さすがに島民の自治独立の機運が高まり、1979年には、親米派を軸とするミクロネシア連邦が成立する。この本は、島民の自治独立の希望に身を寄せながら、その時期の島民たちを描いている。本書出版の5年後86年、ミクロネシア自主憲法が発効し、連邦は独立したものの、国防と安全保障を米国に委託するという条約付きの不完全な独立だった。90年、国連は正式に信託（旧委任）統治の終了を宣言し、連邦は国連に加盟したが、事実上の米国統治は続いている。

本書によると、島民がセンキョと呼ぶ住民投票で成立した連邦憲法は、実に美しく誇らかに、島々の本来的な独立と世界平和と完全な非核を宣言している。だが現実には、アメリカとの協定がそれを裏切り、島民を裏切っている。日本国憲法と、それを反故《ほご》にする安保条約のありようが彷彿《ほうふつ》とする。日米関係は、決して特異ではなかった、米国がとってきた太平洋原住民に対する常套《じょうとう》戦略なのだ、と思い知った。沖縄も小笠原も、政治状況において、まさにミクロネシアであり、もっと言えば、日本列島もミクロネシアなのだ。

ところで、末尾近くに、80年、〔テニアンの市長、フィリップ・メンディオラ氏〕が日本を訪れて、核廃棄物のミクロネシア投棄計画中止を訴えた、とあった。出版後、誰か日本人と会った彼が、自己紹介を兼ねて、この本に名刺を添えて贈ったに違いない。

テニアンはパラオに隣接する島だ。今夏も訪れる予定の小笠原には「パラオの5丁目」と題する奇妙な日本語の古謡が残っている。

２０１７年６月20日（中山）

69

「記録」すること

小笠原から真っ黒に日焼けして帰ってきた中山千夏さんがお土産をくれた。白く磨かれた珊瑚のキーホルダーかと思ったが、それは鯨の骨で作られた工芸品だった。包装紙の中に、「鯨工芸品のしおり」と題する紙片が添えてあった。

《鯨は、一名を勇魚《いさな》ともいわれ長命で雄大な容姿と共に縁起物として親しまれてきました。本品は非常に貴重な鯨を使い、ひとつずつ丁寧に手づくりしました。他に例を見ない珍しい製品です。末永くご愛用いただけます様お願い致します。尚《なお》原料の鯨は捕鯨禁止前の物を使用しております。》

こりゃ大変だ。無くさないようにしなくては……。改めて眺めると、その白い美しい光沢が何か語りかけているように思えた。

そう、ミクロネシアに学ぶ気持ちが伝わってくるようでもあった。忘れてはならない歴史が秘められているに違いない。

70

証言

昨年10月に90歳で亡くなったポーランドの映画監督アンジェイ・ワイダ氏の遺作「残像」が脳裏に甦《よみがえ》る。

第2次世界大戦が勃発《ぼっぱつ》するや、ポーランドはナチス・ドイツに蹂躙《じゅうりん》される。あらゆる自由を奪われ従属されたのである。戦争が終わるとスターリン独裁のソ連が進駐してくる。ポーランド政府は共産主義による支配を受け、国民の自由が再び奪われた。

ようやく自由を手にしたワイダ氏は、ナチス時代のレジスタンスを描いた。「地下水道」（1957年）「灰とダイヤモンド」（58年）を発表、その後は難解な作品を作り続けたが、死の直前に完成を見た「残像」では、現在の国際社会への抗議とも受け取れる第2次世界大戦後の映像を残した。冷静そのものに。

歴史を残像としてとどめる。この仕事には大きな意味がある。暗黒の記憶を風化させてはならない。そのためには証言者の協力を得て、できるだけ多くの記録を残すことだ。

大日本帝国は日清、日露の戦争に勝利したことで、一躍列強の仲間入りをする。日清戦争で台湾を領有し、日露戦争で南樺太を奪うことに成功した。その勢いに乗って朝鮮半島と台湾を併合し、満州に進出する。一方、南洋諸島（ミクロネシア）の統治にも乗り出し、信託統治権を獲得、第2次世界大戦の直前にはアジアの盟主の地位を築いた。

70

満州に傀儡《かいらい》政権を樹立し、中国への侵略を続ける。国際連盟から注意勧告を受けるや、脱退を決意、ドイツ、イタリアと三国同盟を結び戦争に突入する。

少国民だった私は、どれほど誇りに思っていたか、今でも胸が痛んでいる。皇国日本が戦争に負けるとは、いささかも思っていなかったからだ。

無条件降伏した日本は、連合国によって分割される。ミクロネシアはアメリカ、北方領土はソ連に直属され、ソ連は北海道の領有すら要求する。アメリカが沖縄を奪うなら、北海道を寄越《よこ》せというわけだ。それは免れたが、日本は本州など主要4島のみの国土となった。中国は満州と台湾を取り戻し、英国は日本が外国に持っていたあらゆる利権を獲得した。

日本に新憲法が発布されたのは、いわば独立宣言でもあった。今年で70年を迎えたが、沖縄は復帰するまでの25年間は、憲法の外側に置かれていた。45年前に返還されたのだが、本土並みの復帰とは程遠いものだった。

時の総理大臣佐藤栄作は、アメリカと数々の密約を交わし、沖縄にさらなる負担を強いたのである。日米安保による地位協定、核持ち込み、基地の継続使用など、沖縄の権利はいささかも認められなかった。

25年間の空白と同時に、沖縄の弾圧は緩和すらされなかった。決戦の場に駆り出され民間人を見捨てたばかりか、占領された土地の返還も保証されずに、今や新基地の辺野古埋め立てさえ強行されようとしている。こんなデタラメな話は許してはならない。

70

狼煙

45年の沖縄戦は一体何だったのか。本土の捨て石にされただけではないのか。この時の戦闘の記憶を未来永劫《えいごう》に忘れてはならない。「ひめゆり」の真実を伝える人のあらゆる証言を、もう一度記録に残すことの大切さを、あらためて整理しておく必要がある。

戦争体験者は80代を超えた老人ばかりだ。それでもその人たちの証言を残すことで、今の日本政府やアメリカの非道を白日の下に晒《さら》すことの意味は大きい。

核兵器禁止条約が国連で成立した。およそ122カ国が批准する中に、日本はいない。唯一の被爆国である日本が抜けていることは信じられない事実だ。それひとつ取っても、日本政府は許されない。

被爆者の証言と、ヒロシマ・ナガサキの悲劇の「残像」は、明らかに世界の人々を今、動かしている。

反権力、反体制、反権威の狼煙《のろし》を上げ続けることこそが、世界平和には欠かせない。そのことを未来永劫に忘れてはなるまい。

2017年7月18日（矢崎）

70

71

権力者の物語化

物語が好きだった。

敗戦後のおとなは幼児に物語を語って聞かせるヒマが無く、おそらくその伝統も途切れていたのだろう、絵本を読んでやるのが精いっぱいだった。ウチのコは一度聞くとそのままに覚えた、というのが母の自慢だった。読めない本を開いては、同じ物語を語っていたそうだ。自分を聴き手にして。

やがて文字が読めるようになると、「本さえ与えておけばいいコ」になった。絵本から童話へ、童話から子ども向けの書籍へ。中身はなんでもよかったが、偉人伝や科学モノよりも、やはり物語に魅入られた。

本質は暴力

やがておとなの小説へ。そして演劇、映画、テレビドラマに漫画やアニメ。その繁盛を見ていると、私のみならず、人間は物語が大好きなのだ。そして、口伝からＣＧ映画にいたるまで、物語の本質はさほど変わっていないのではないか。

古典的な物語は、権力者を主役に語り継がれ、書き継がれてきた。そこに見る物語の本質は、猛烈な暴力だ。『古事記』の原文に食いつき、初めて読了した時、しんから驚嘆したのはそのことだった。「我は王なり」というほかにはなんの理由も無い暴力に『古事記』は満ち溢れている。おそらく、洋の東西を問わず、それが古い物語の定形だったのだろう。権力者を主人公とし、彼の暴力を容認する、ということが。そうしてそれは、当時の人間社会のありようを写したものだったのだろう。

だが人間は変わる。物語も変わる。王たちの武勇伝は廃れ、市井の民が市井の民の人生や暮らしを描く小説が台頭する。そして20世紀、暴力にこりごりした人間たちによって「非暴力・不服従」のガンジーが英雄とされ、国連は、政治権力と別格に、ひととしての権利、人権を、すべての人間に認めた。

今では、女、子ども、貧者、心身障害者、被差別部落民、LGBTなど、あらゆる弱者やマイノリティーを主役にした非暴力的な物語を、簡単に読んだり観たりすることができる。

ただし、格闘技を愛し勝負を愛する人間性に変化はないらしく、息をもつかせぬ暴力闘争が連鎖するアクションドラマ、SF物語が映像世界で繁栄している。それでも昔日と違うのは、そこに「我は王なり」ではないなんらかの正当性が語られていることだ。

71

もっとも「我は夫なり」の暴力は否定的にしか物語られなくなったけれど、「我は警官なり・兵士なり」が理由の暴力は肯定して物語られる。警官も兵士も、権力者の部下として暴力を実行する者だ。彼らを主人公として彼らの暴力を肯定する物語が健在だということは、とりもなおさず、私たちが国家や警察の暴力を、無条件に認めている現実の写しだろう。

現実の肯定

現代の物語は確かに現実の写しだ。同時に現実の肯定、強化でもある。物語の主人公は、ただの乱暴者ではすまない。それでは単なる現実であって、物語にならないからだ。小説なら叙述の力が、ドラマなら演技の力が、主人公をひとりの人間にする。人間、すなわち、どこか愛すべき存在にする。「我は警官なり・兵士なり」という理由のみで暴力を振るう非人間的人間の権化を、愛すべき存在にする。それが物語の力だ。そして、基地建設に反対する丸腰のひとびとのピケに暴力で襲いかかる警官を、私たちが免罪するための励みになる。

だいたい、権力の化身である彼らとそのシゴトを、なぜ私たちが物語り見聞し感動しなければならないのだろう?

いわゆる歴史モノ、実在の権力者とその事跡を主人公に歴史を描く小説やドラマについても、同じことを思う。

時の権力者とそのシゴトを主人公に歴史を物語るのは、「権力者がかくのごとく歴史を作った」という歴史観を物語ることだ。そこにタダのひとの営為は無い。存在意義は無い。そんな物語を、タダのひと、われわれ、民主主義社会の主人として世を運転する任にあるひとびとが語り見聞して、なんのトクがあるというのか。

面白くもないはずだ。面白いと思うのは、筆の力、演技の力がかもした主人公の人間味に、私たちが同化するからにほかならない。だから、面白ければ面白いほど、歴史モノはタチが悪い。いかに誠実に、実在の武将、大将、政治家などの豊富な記録を元にしてあっても、その人物を生き生きと物語化したものは、非常にタチが悪い。私たちが歴史を正視するのを妨げるからだ。

例えてみればディズニーの動物アニメ物語からは、他のことは学べても、生物学的真実は得られない。歴史物語もまったくそれと同じで、歴史的真実は学べない。

歴史記述はドキュメンタリーが無難だ。あえて物語にするのなら、主人公は、時のタダのひと、われわれの先達《せんだつ》、力は奪われていたが、生きる権利を切実に求めていたに違いない、そんなひとびとでありたいものだ。

2017年8月23日（中山）

北朝鮮を考える

世界は北朝鮮問題で揺れている。殊《こと》に日本政府は大騒ぎだ。今にもミサイルが飛んできて、国民の生命、財産が危機にさらされるかのように宣伝している。そのための防衛予算を大幅に計上し、憲法上許されない戦争の準備すら開始する意気込みだ。

そもそも北朝鮮という国は実在しない。１９４８年９月４日に朝鮮半島の北部に成立したのは「朝鮮民主主義人民共和国」という長ったらしい名称の国家だった。今の国体からは、民主主義も共和国も認められない独裁国だ。

歴史を繙《ひもと》くまでもないが、古代から朝鮮半島には四つの民族国家が存在した。近代になって、日清、日露の戦争に勝利した日本が、突如朝鮮併合を発表し、支配下に置く。抵抗がなかったわけではないが、日の出の勢いの大日本帝国はすでに台湾も手中に収め、満州国なる傀儡《かいらい》政権を樹立し、南洋諸島の統治権まで獲得していた。国民も大国になったと錯覚する。

当然、世界各国から非難の声が上がり、国際連盟から離脱せざるを得なくなった。追い詰められた日本は、１９３７年７月７日、日中戦争に突き進み、ドイツ、イタリアと

72

72

三国同盟を結んだ。「鬼畜米英」をスローガンにした軍国日本は、41年12月8日、ハワイの米軍基地真珠湾を奇襲攻撃して第2次世界大戦へ突入した。

憎しみの拳

今の北朝鮮は当時の日本と瓜二つである。滑稽なまでに似ている。洗脳された全国民が一丸となってアメリカに憎しみの拳を振りかざしている。資源もない小国が、いくら総力戦であっても、戦争に勝てるわけもない。

水爆でアメリカ本土を廃墟にすると金正恩朝鮮労働党委員長は豪語しているが、戦争になれば、国家消滅のカウントダウンが始まるだけだろう。それは火を見るより明らかである。

〝一億火の玉〟の日本は、ヒロシマ、ナガサキに原爆を投下され、無条件降伏を余儀なくされた。アメリカは日本を占領し、沖縄で顕著な状況を、今でも支配者として、日本国家を隷属下に置いている。恐らく北朝鮮は、その歴史に学んでいないのだろう。

ソ連は日ソ条約を破棄して、敗戦直前の朝鮮に兵を進め、38度線近くまで占領する。連合国は朝鮮半島の統一を決定していたが、50年に朝鮮戦争が起きる。南朝鮮にはアメリカ、北朝鮮にはソ連が後ろ盾となり、表向きは内紛のまま3年を経過した。休戦協定によって、大韓民国（韓国）と朝鮮民主主義人民共和国（北朝鮮）の南北分断が固定化された。

冷戦を経た現在も、この構図は少しも変わらない。

北朝鮮には金日成主席時代から、ソ連（現在はロシア）、中国という同じ共産主義を標榜《ひょうぼう》する大国の後ろ盾が存在し続けてきた。ブッシュ大統領は9・11のテロがニューヨークを襲った時に、悪の枢軸として、イラク、イラン、北朝鮮の三国を挙げて、軍事力によって殲滅《せんめつ》すると宣言した。

イランと北朝鮮は外交努力によって指定を免れたが、イラクは大量破壊兵器を所有しているとして、攻撃を受けた。結局、大量破壊兵器は見つからなかったが、国家元首のフセインは殺され、イラクは廃墟と化した。

核軍縮

世界の核軍縮が国連で議決され、CTBTを中心に核廃絶が進められることになった。現在の核保有国はアメリカ、ロシア、中国、フランス、イギリス、インド、パキスタンの7カ国とされ、他国の核開発は全面的に禁止されている。

その結果、イランと北朝鮮は国連の査察を受け、核実験を断念させられることになっ

72

72 た。イランはそれを守り、北朝鮮は秘密裏に続けてきた。水爆実験の発表によって、世界に動揺を与えることになった。

実際には真偽のほどは明確ではないが、水爆級の実験が行われたのはほぼ間違いない。しかも、当事者が宣告し、アメリカを照準にした挑発行為であることも疑いのない事実なのだ。

「窮鼠《きゅうそ》猫を噛む」の例えもあるが、先制攻撃を許せば、アメリカに大惨事が起きるかもしれない。同盟国の安倍首相が大騒ぎする理由もその辺りに起因している。しかしいくら騒いでもどうにもならないことは、拉致問題すら解決できない非力だから仕方ない。ただアタフタと醜くうろたえるばかりだ。

日本のメディアも実に情けない。政府の広報ではないのだから、現在の国際情勢をしっかり分析し、解決への道筋を模索したらどうか。日本が現在置かれている状況にも、もっと目を配ってほしい。見直さなくてはならない問題は、日米間に山積している。

沖縄の辺野古新基地はもとより、日米地位協定の改定、防衛費の無駄遣いと枚挙にいとまがない。

あらためて北朝鮮について、今こそ考えなくてはならないと思う。眼をそむけるのではなく、しっかり直視する必要がある。日本がアメリカと、きっぱり手を切るチャンスかもしれない。

２０１７年9月21日（矢崎）

73

私の中のアイヌ

１９５０年代の末期から72年にかけて、いろいろなテレビドラマに出演した。むろん、50年代は小学生の子役だった。

最も印象深いのは、「お荷物小荷物」だ。視聴者にもかなり印象深い作品だったらしく、「見ていました」「面白かった」という声を今も聞く。今年の6月に早稲田大学の演劇博物館で開かれた〈大テレビ博覧会〉でも、特別に展示されていた。

演じた因縁

70年10月に開始したこのドラマは、強い政治的主張を持ちながらナンセンスに貫かれ、それに応じた従来にない作風が「脱ドラマ」という新語を生み、ちょっとした旋風を巻き起こした。私の見るところ、それは売れっ子テレビ作家だった故・佐々木守の個性に、ドラマ制作の名手であったＡＢＣ（朝日放送）の故・山内久司、それに演出の西村大介や井尻益次郎のファイトが反応して引き起こした爆発だった。

73

当時の私は、ただ忙しくシゴトをこなし、スタッフやキャストとの交流を楽しんでいただけだが、のちになってその影響を感じることが多々ある。

これが約5カ月で終了してから続編が制作され、71年12月からやはり同じくらいの期間、放送された。のちに前編は「沖縄編」後編は「カムイ編」と呼ばれるようになる。前編では、沖縄の女「今帰仁菊」、後編ではアイヌの女「オキクルミ・ピリカ」を私は演じた。ざっくりまとめると、いずれも私演じる女が「日本帝国主義」の「男社会」に復讐する、それが話の主軸だった。

今の私の政治的な考えや動きは、この役を演じた因縁ではないか、と考えることがよくある。守さんは私に当ててこの役を作った。それは確かだが、当時の私には沖縄もアイヌも、まったく遠い世界だった。その日本国との関係など考えちゃいなかったし、沖縄のこと、アイヌのことについての確たる考えなど持っていなかった。

長期間演じた印象深い役は、実際にそれを生きたような錯覚を役者にもたらす。これは私の実感だ。確かに私には、孤児のテコや永遠の小学生チエと並んで、今帰仁菊とオキクルミ・ピリカが住んでいる。彼女たちに敵対するような立場には、だから立てない。理屈抜きでそうなのだ。

ドラマから程なくして、沖縄のひとたちとは、実際に交流を持つ機会ができた。しかし、県、という国土さえ持たず、かつての沖縄人以上にひっそりと暮らしているアイヌのひとたちとは、なかなか出会えなかった。

お上のタテマエ

現実のひとびととしてのアイヌにやっと出会えたのは、ほんの10年ほど前のことだ。「先住民族の権利に関する国連宣言」が国連総会で採択されたのが2007年。これに賛成した日本の国会では翌年、「アイヌ民族を先住民族とすることを求める国会決議」を衆参両院で採択した。国連宣言が出る少し前だったと思う。アイヌたちの有志が、この時流を盛りたてるイベントを東京で開いた。縁あってそれを手伝ったのがキッカケ。以後、機会があれば交流している。アイヌについての自分の常識の貧弱を思い知り、少しは勉強もするようになった。そして、アイヌに対する日本政府の政策不足と、日本の学界、一般人の認識不足を、ひしひしと感じるようになった。

その時、「日本人として恥ずかしい」みたいな感覚は私にはない。ただ私のウチなるオキクルミ・ピリカが「クヤシイ、悲しい、なんとかしろ!」と叫ぶのである。でも私はワ人なので出しゃばってはいけない、アイヌについていこう、と思うのである。

アイヌの運動にはマイノリティー共通の難しさがある。政府が窓口をひとつに決め、それだけと交渉する、という手法で、ひとびとの一本化を強いるのだ。ただの国民であれば親政権、反政権、団体、個人、いずれもが政府に物申せる。たとえタテマエであっても、だ。しかしアイヌについては、親政権団体でなければ交渉相手にしない、それがお上のタテマエになっている。だからアイヌの側が、仲間の意見調整にも苦しまなくてはならない。応援する者も、意見調整が微妙な時期には、その邪魔にならないようにシンとしている。

実はこのところアイヌは、ずっと小声でチャランケ（談判）を重ねてきたが、この秋、よし、大声でやろう、という局面になった。あまりの無視に業を煮やした旭川や東京のアイヌたちが、〈先住民族アイヌの声実現！　実行委員会〉を結成し、政府へのチャランケを粘り強くしながら、広範な署名活動に乗り出したのだ。アイヌ政策に関する政府の委員会の人事や課題について、アイヌ自身が具体的に異議を述べ提案する文書への賛同署名を広く募っている。私も勇んで署名に加わった。

「協力くださるかたはこの記事の筆者まで連絡ください！　署名用紙を送ります！」とオキクルミ・ピリカが言っている。

「わかったわ、力を合わせて闘いましょう！」と今帰仁菊が言っている。

２０１７年10月24日（中山）

73

米大統領初来日

74

トランプ大統領が初めてアジアを歴訪し、10日後に帰国した。中国では習近平主席と会談し、二人そろって記者会見に臨んだ。

その時の詳細な内容が、ようやく外国の新聞をはじめとする報道機関によって明らかにされた。それを見て私は愕然《がくぜん》とした。強い戦慄《せんりつ》を覚えたのだ。

覇権主義

二人に共通するのは、紛《まぎ》れも無い独裁者であり、究極的な覇権主義の権化であるということだった。

しかも、相手の話には耳を貸すことなく、自分の主張だけをひたすら押し通す。似た者同士といえばその通りだけど、そこからは何ひとつ生まれることはないだろう。そんな確信すら与える。

トランプの唱えるアメリカ第一主義《ファースト》は、おおよそ身勝手な論理であり、それを狡猾《こうかつ》に利用しようとしている習近平のしたたかさが、随所に見える。日本のほとんどのメディアは、あまり批判しないが、ヨーロッパのメディアは手厳しい。

習近平の目論見《もくろみ》は、世界制覇であり、トランプは裏をかいて、それを潰そうとする魂胆がアリアリなのだ。狐と狸《たぬき》の化かし合いに、世界は翻弄されているにすぎなかった。あちこちに独裁者は存在する。ロシアのプーチン大統領は別格としても、安倍首相を始め他の小者たちでは、とうてい歯が立つまい。アメリカか中国に隷属するしか生き延びる道は小国にはないのである。

第2次世界大戦で敗戦国となったドイツとイタリアは、現在は独立国として存在している。しかるに日本は自主独立は愚か、今もってアメリカの支配下にある。

沖縄を見れば歴然としている。同盟国とは名ばかりで、占領時代がずっと続いている。戦後72年もたって、日本は完全な独立国ではないのである。こんなだらしのない国が、世界のどこにあるだろうか。

46年前の沖縄返還でも、密約によって核の持ち込みを許してしまっている。そればかりか不平等な地位協定によって、治外法権が罷《まか》り通っている有りさまなのだ。安保条約は軍事同盟そのものなのに、ただの同盟国にすぎないと今も強弁している。

大差はないにしても、トランプ政権にとっては、日本はアメリカの前線基地であり、日本の防衛などに手を借す気持ちはサラサラないのである。利用され見殺しになるだけ

74

なのに、安倍首相は露ほども疑っていない。だから全国民を裏切っていることにも気付かない。この空《うつ》け者め！

ロシアとは平和条約すら締結していない。沖縄をはじめとして、日本中に米軍基地が存在するというのに、北方領土が返還されるワケはないことぐらいわかりそうなものだ。手玉に取られていることにいささかも思い至らないのだから、まさに能天気である。

選挙制度

地球はそれどころではない。悲鳴を上げている。温暖化によって、世界のあちこちで天変地異が起きる。ドイツのボンで国連によるＣＯＰ23が開かれているが、トランプはパリ協定からの離脱を平然と表明している。

世界で２番目に二酸化炭素を出しているアメリカに許される話ではない。ボンには１９７カ国が出席して、必死で対策を協議しているというのに、何を血迷っているのか。

北朝鮮という小国の独裁者の挑発に対して、経済制裁を加えたり威嚇《いかく》するだけでなく、戦争すら仕掛けようとしている。小国と言えども核爆弾を保有していると宣言しているのだから、慎重に扱わなくてはならない。米軍基地のある日本は、再び被爆国になる可能性さえ濃厚である。

74

74

経済戦争は既に世界中で勃発《ぼっぱつ》している。富める国と貧しい国の格差は拡大するばかりだし、民族紛争も絶えない。さらに、難民問題は深刻さを日々増している。大国でありながら、アメリカを筆頭に難民を受け入れない国が多い。

偏った人口増加と少子化が、国家間にさまざまな亀裂を生んでいる。解決の糸口すら見つからないままに、大国のエゴイズムばかりが横行しているのが現実だ。

科学の進歩によって人間は便利を享受しているように見えるが、悪用することも可能になった。パナマ文書やパラダイス文書で明らかにされたように、タックスヘイブンを世界中の資産家や権力者が活用している。経済そのものは肥大化し、ＩＴが先駆的な動きをする。

やがて便利さに溺れ、復讐される時がやってくる。その先鞭《せんべん》をつけているのが、国家を私物化している独裁者たちである。

まさに許されざる者たちが、世界を跋扈《ばっこ》して憚《はばか》らない。独裁を許さない唯一の方法は、民主主義しかない。まだるっこしくても、コツコツシコシコやるしかない。たった20％の得票率で75％もの議席を獲得してしまうような選挙制度は直ちに変えなくてはならない。

独裁を防ぐ道は、有権者が１００％に近い投票行為を果たすしかないと私は思う。

２０１７年11月24日（矢崎）

75 広告という文化

広告は文化である。

そう高らかに主張されたのは、たしか70年代の末ごろだったように思う。この広告とは商業広告のことだ。広告はメッセージである、とも言われた。

たちまち広告のカブが上がった。それまではみんな、どれもこれも広告は「金儲けの手段」としか心得ていなかった。だから、私が幼いころから見ていた広告屋さんたちは、どこか引け目のある風情だった。われわれ芸能者の間でも、広告をするのは身過ぎ世過ぎ、決して自慢できるシゴトではなかった。

それが、文化でありメッセージである、となって変わった。大手広告代理店に就職しアドマンになることは青年の輝ける第一歩、芸能人はCM出演の多さを誇るようになり、絵描きも詩人も音楽家も作家も学者も評論家もスポーツ選手も、なにもかもが朗らかに広告に従事するようになった。

広告は文化である。そうか、と私も思った。新しい視点に見えた。少しヘンな気もしたが、どこがヘンなのか、よくわからなかった。

戦略的経済活動

しかし今、わかる気がする。この論は、あまりに当たり前の話にすぎなかったのだ。人間だけがやって、魚やなんかがやらないことは、みんな文化なのだから、広告は文化に決まっている。

言い出したひとも、それは承知だったのだろう。当時の評論をよく吟味したわけではないので、ただの推測なのだが、彼らは、みんなが気づいていない当たり前のことを指摘して、重点は「文化でありメッセージであるからこそ、広告も質が大事だ」と言いたかったのではあるまいか。大企業の音頭取りでＪＡＲＯ（日本広告審査機構）などができたのも、そんな考えからだったろう。

しかし今、私には、こう見えている。あのころ「広告は文化である」と主張されたのは、そう見て考えなければならないほど、広告がこの社会に蔓延してきたからだ。言い換えれば、広告という武器をふるっての戦闘的な経済活動が世の中の中心、政治の中心にはっきりとなってきたので、それを明確に文化に含めないことには、ここは実に文化の乏しい社会になってしまう。そんな状況が、広告は文化である、との評論を生んだ。決して、その逆、評論が広告をのさばらせたのではない。

75

そして、そんな状況―広告を武器にする戦闘的な経済活動が世の中の中心、政治の中心である状況はますます深化したまま、2018年を迎えようとしている。

そろそろ、本当のところを見るべきではないのか？ 広告という文化は、もっぱらカネ儲けのために行われる文化である、という本当のところを。そして考えるべきではないのか？ カネ儲けは、合法でさえあれば無条件にいいのだろうか、と。

働き方改革

11月最後の週、たまたま地元の街へ買い物に出た。ホームセンターに向かう途中で、同僚が言った。「今日は混むかもしれない。新聞のチラシに、ブラックフライデーの安売りとか書いてあったから」。プレミアムフライデーは小耳に挟んでいたが、ブラックフライデーとは初耳だ。同僚もよく知らないので、戻ってから調べた。そして唸った。

「暗い日曜日」という古い暗鬱《あんうつ》なシャンソンがある。ついそれを連想したのだが、このブラックは暗いでも黒いでも悪いでもなく、収支計算の黒字を意味するものだった。

〈米国で毎年11月の第4木曜日に催される「感謝祭」の翌日の金曜日のこと。感謝祭は祝日であり、土日に挟まれたこの金曜日も祝日扱いとなることも多い。米国では年末商戦の初日かつ最大の山場となる日と位置づけられており（中略）このセールで軒並み

75

黒字となることから「ブラック」の名が冠され呼ばれるようになったとされる〉（現代用語辞典『知恵蔵ｍｉｎｉ』16年3月22日付）

政府が「プレミアムフライデー」を各企業に呼びかける協議会を発足する、と発表したのは16年12月だった。「毎月月末の金曜日の終業時間を午後3時に早めるよう」企業に呼びかけるもので、その目標は「消費の拡大と、働き方を改革する」こと、と報道されたものだ。だが、先の辞典の続きには

〈日本では、米国系企業などが独自にブラックフライデーのセールを行っており、16年3月には、経団連の榊原会長が石原経財相との会談でブラックフライデーにならったセールを計画していることが明らかになった〉

時期的にもブラックフライデーがプレミアムフライデーの原案とわかる。

その後「消費の拡大」目的には邁進《まいしん》しているようだ。しかし「働き方の改革」は？それがなければこれを政治計画とは言えない。ただの戦闘的な経済活動、カネ儲け作戦だ。それとも、勤務評価を危機にさらし、代休ならぬ代働の恐れを抱きつつ、セール用品ばかり並べた量販店に向かうひとの増加を、働き方の改革だとでも言うのだろうか。

２０１７年12月20日（中山）

75

トランプ大統領と安倍首相

新年になってから、米軍ヘリコプターの不時着事故が続いた。いずれも普天間基地に所属している。ここ1年で殊《こと》に頻発している。

日本政府は抗議ではなく、基地閉鎖を要求するべきである。それをしない。これこそ明白な失政である。

「市街地にある危険な普天間基地を辺野古新基地に移転させる」

沖縄の民意は、それに強く反対している。安倍政権の主張は間違っている。このような子供にでもわかる論理が、この国では通用しない。

間違い

危険なら即刻廃止したらいい。それが出来ないのは、アメリカに隷属しているからだ。安保条約があると言うのなら、破棄すればいい。同盟関係に亀裂が入ったら、修復すればいい。それが政治だろう。外交努力が全くない。

76

76 つまり、国民を平然と犠牲にする。明治維新から１５０年間、日本政府は同じことをずっとやっている。ことに安倍政権は酷《ひど》い。

憲法は権力を取り締まるものなのに、改憲を安倍首相が主張するのは本来誤りなのだ。国民が改憲を望むまで、口が裂けても言ってはならない。

それがわからないのは、性格に問題があるに違いない。そんな者が総理大臣の座にあることがもともと間違いなのである。

稚拙

コラムニストのマイケル・ウォルフが書いた『ＦＩＲＥ ＡＮＤ ＦＵＲＹ（炎と怒り）』の発売を中止しようとして、トランプ大統領は失敗した。それが火を点《つ》けたのか、発売と同時に、ベストセラーになった。

内容はトランプ政権の内幕を批判した本なのだが、出版されてしまった以上、反論するしかない。ところが、あまりにも稚拙なツイートが流れた。

「私はビジネスマンとして成功し巨億の富を築いた。有名人になり、大統領にまでなった。このような安定した天才を虚偽の本を売るために利用した」

呆《あき》れた主張だ。品格のカケラすらない。恐らく自分にとって不利な事実が公開されているからに相違いない。

近頃うやむやにされそうになっている、安倍政権の「森友、加計《かけ》疑惑」が脳裏に蘇った。予算委員会で野党の追及を受けた時に、安倍首相は切れまくった。

それに呼応するために、あらゆる証拠を隠蔽《いんぺい》し、知らぬ存ぜぬを貫いた閣僚と官僚。

24回も外遊に同伴した昭恵夫人を「私人」と強弁したり、安倍晋三記念小学校の名誉校長まで引き受けていた事実すら、一度たりとも謝罪しなかった。

ゴルフと会食を共にした「腹心の友」との会話に加計のカの字も出なかったという嘘《うそ》。

とうに安倍首相は失脚して当然なのに、今も総理の地位にある。たぶんトランプ以上の恥知らずなのだ。

似た者同士

本当に仲が良いかどうかは知らないが、トランプ大統領と安倍首相は、類似点だけは山ほどある。一国のリーダーとしては共に資格は皆無に等しい。少なくとも、自国だけならともかく、世界人類にとって迷惑千万な、似た者同士なのだ。

パリ協定を離脱し、エルサレムをイスラエルの首都と認めたトランプ大統領。核兵器禁止条約に署名せず、沖縄の民意を一顧だにしない安倍首相。しかも、明らかな失政に

76

76

よって自国のみならず国際社会を混乱させている。

ことに嘘吐《うそ》きの天才の退陣は喫緊の課題である。一日も早く安倍政権を打倒しなくては、日本という国は早晩滅びると思う。

日銀の金融緩和によって支えられているアベノミクス、デフレ解消という欺瞞《ぎまん》、赤字国債の膨張、社会保障費に比較してベラボーな国防費。国家公務員の私物化。数え上げたらキリのない失政をストップさせるしかないのである。

目前に迫る少子高齢化社会に対策を講ずる術《すべ》もなく、格差は拡大する。おざなりの災害対策がいかに不安を増大させているかを真剣に考えなくてはならない。エスカレートさせるばかりである。

それにしても、時代はめまぐるしく変わる。誰か個人の力によってもこれを止めることは絶対にできない。

しかし、諦めたら何事も終わってしまう。決して諦めない生き方を身につけるしかないのである。

何よりも大切なのは、地球と人類を守ることだ。そのためには平和と自由を忘れてはならない。人は誰にも拘束されてはいない。

天皇の生前退位が決まった。象徴として在ろうとする現在の天皇の考えは、とりあえず正当なものである。

問題は天皇制を他のもの、例えば敗戦以前のものに戻そうという動きがあることだ。古い時代の日本が犯した間違いは、天皇を政治利用して、独裁的な権力を行使した者たちにある。それは歴史がはっきり証明している。

ヒトラーに代表されるような独裁を許さないことが何より必要なのだ。民主主義を悪用する安倍政権のような存在ほど恐ろしいものはない。今こそ真の民主主義を実現するために、一人一人の市民が、対等平等に人間として生きる覚悟をする。それしかない。頑張ろう！

２０１８年1月23日（矢崎）

76

国家の本質

なんといっても不勉強。偉いひとの説を学びもせず万事自分流で生きてきたので、今ごろになって「おお、そうか！」とわかることが多い。そのぶん、いくつになっても退屈しないから、いい、とは負け惜しみ。

最近も、ひとつわかった。朝鮮民主主義人民共和国の金正恩朝鮮労働党委員長と、アメリカ合州国のトランプ大統領との、ミサイルを巡る口喧嘩《げんか》を伝え聞いて、こう思った。なかば感動しながら思った。

「ミサイル発射ボタン握っていることを自慢にしている連中など、誰にもコントロールできゃしないよなあ」

それからつらつら考えて、わかったのだ。本来、タダの民（タミ）が、国政をコントロールすることなどできない、と。

選挙をとおしてあたかも民が国政を主導するかのように思うのは、大きな間違いだ。選挙は決して国政における民の主導を保証するものではない。ただ国政の責任を「主」として「民」に押し付けるもの、共和国であれ合州国であれ、国政の「民主」主義とはその意味でしかない。

民は、持ち前の鋭い感覚でそれを察知する。世界的に投票率が低いのは、それだからだろう。そうに違いない。

戦争と共に

トランプが、キムが、アベが特に悪いわけではないだろう。人間みなちょぼちょぼ、似たり寄ったり、という説に私も賛成だ。

ひとではなく、国家というものの本質が、民主主義とは相容《あいい》れないのに違いない。

古代アテナイの都市国家では、自由市民すべてが会議に出席して国政を決したという。だから民主主義の祖とも言われる。しかし、そこで議論された政策の多くは、他国との攻防だったはずだ。そこにオリンピック「競技」が誕生したのも偶然ではない。国家はその誕生から戦争と共にあった。国家とは、そういう組織なのだ。

だから国政とは、他国との攻防を主たる業務とする、と言っていい。いきおい内政では、それに益する生産や商いに主力を置き、国民の福祉は、それに支障ない範囲でする。国家間の攻防の前には、人権もへったくれもない。

古代アテナイには奴隷がいて自由市民の暮らしを支えた。近代まで、洋の東西で、農

77

奴や小作人や丁稚《でっち》や女工が国庫を富ませ、多くの民が兵役を強いられた。

現在の日本国でも、過労死者や非正規雇用者、国際競争を睨《にら》んだ農政にふりまわされている農業者、そして原発事故や基地の被害者など、〝奴隷なみ〟の民が存在して、黙々と日本国を支えている。主人と奴隷、それが開闢《かいびゃく》以来の国家と民との本質的な関係に違いない。

ナチスドイツの誕生に見るとおり、独裁政権はマットウかつ合法的な「民主」選挙から誕生する。いったん、独裁的な政権が生まれると、トランプ政権やアベ政権に見るとおり、どんどん独裁に改変されていく。政権が、立法・司法・行政の権力を、裏から表から、すっかり握ってしまうからだ。

たぶん私でも、国家権力を握ったら、とたんにこう考えるだろう。「他国との攻防は、独裁でなければできない」と。つまるところ「一部の人間が絶大な権力を握り、かつ他国と攻防する」という国家の本質そのものが、独裁政権を生み出す。現に国家は、多少とも独裁で運営されている。

そうであれば、「奴隷はイヤだ、自由に生きたい、民主で生きたい、人権を満喫したい」というのなら、民の政治をするしかない。民の政治とは、本質的に国家すなわち独裁との闘いに尽きる。そして、ひとりでも、国家と闘う民がいる時、国家の側に与《くみ》する民は、自分で自分に石を投げつけるようなものだ。そういう民にだけはなるまい、と思う。

さて、長らくゴタクを並べてきたけれど、私の「いりにこち」は今回でおしまいです。読んでくださった読者諸姉兄に深くお礼申し上げて、最後に、もうひとつ、最近わかったことを。

順調に老いる

「老いる」は「生きる」と同じだ。そうわかった。人間は、生まれてから絶えず生きていく。つまり老いていく。だから、なにも老いるのは特別なことではない。サプリや化粧品のCMがそう言いたがっているように、忌むべきことでも隠すべきことでもない。生きると同じなのだから、ひとりひとり、精一杯、自分らしく老いていくべきなのだ。まったくもって「老いる」は「生きる」と同じだ。楽しく生きる、楽しく老いる。自由に生きる、自由に老いる。無理なく生きる、無理なく老いる。希望を持って生きる、希望を持って老いる。いっしょけんめい生きる、いっしょけんめい老いる。同じことだ。

順調に老いてます。いっしょけんめい老いてゆこうと思います。みなさまもお元気で！

２０１８年2月27日（中山）

78

安倍政権の断末魔

今月9日、佐川宣寿国税庁長官が、引責辞任した。学校法人・森友学園への国有地売却問題で、財務省の決裁文書が書き換えられた疑いが浮上し、麻生太郎財務相は辞任の理由として、「決裁文書の国会提出時の担当局長だった」ことを挙げた。

国会で森友問題が追及された時、当時理財局長だった佐川氏は、長時間にわたって「書類は破棄した。記憶にない」と政権をかばい続けてきた。それが辞任の会見では、「答弁は適切でなかった。私に責任がある」と語った。

あれは一体何だったのか。森友学園の籠池泰典前理事長は証人喚問を受けた後に逮捕拘留され、すでに7カ月になる。森友・加計《かけ》学園を告発した前文科省事務次官の前川喜平氏の証言はスキャンダルまみれにされた。そして、ついに自殺者も出た。明らかに政権の汚点である。

安倍政権は、独裁的な手法によって、悪政の限りを尽くしてきた。少なくとも、私にはそう見える。国民の声には全く耳を貸そうともしない。官僚に虚偽答弁を強いた。

「安倍晋三記念小学校」がそもそもの始まりだった。安倍首相と籠池氏は、共に日本会議のメンバーであり、教育方針は一致していた。安倍昭恵夫人は、名誉校長に就任し、用地払い下げ、寄付集め、生徒募集の広告塔でもあった。

「昭恵は私人。加計孝太郎氏は腹心の友だが、学校を創設するなんて知らなかった」

安倍首相の強弁に、官僚たちは、ただ平伏《ひれふ》すばかりだった。こんな馬鹿《ばか》なことが続くわけがない。そして、決裁文書の改竄《かいざん》事件がついに発覚した。

安倍内閣は総辞職するべきだ。それなのに延命を画策している。なんたる往生際の悪さだろう。

あらためて指摘するまでもないが、安倍政権の失政はピークに達している。アベノミクスに代表される経済政策の失敗は、格差社会を助長しているし、日銀による金融緩和は、国民に借金を押しつけている。口先だけのデフレ脱却はもとより、大企業と資産家だけが潤っている現状がそれを証明しているではないか。

アメリカ追従の外交政策は既に破綻しているばかりか、孤立化の道を辿《たど》っている。北朝鮮の動きひとつ取ってみても、日本はカヤの外だ。

不祥事が起こる度に「厳重注意する」と言うが、沖縄を顧みることなく、アメリカに完全支配されているだけ。日本が前線基地であり、今もって占領中であることは変わらない。無為無能無策ぶりを露呈している。

あわてふためいて、4月訪米を口にしているが、相手にされると思っているのだろう

78

か。勘ぐれば政権の延命あるいは、安倍夫婦の亡命計画なのかもしれない。
とにかく、財務省による決裁文書問題は、政局になるに違いない。

明治への逆行

来年に予定されている、天皇の退位と即位は、日本にとって大問題である。安倍政権は、現在憲法に明記されている「象徴天皇」の位置を厳密に守ることができるかどうか、はなはだ疑問である。

元号法は１９８９年に成立してはいるが、元号を使用している国は、世界で日本だけである。何故廃止しないのか、私にはさっぱりわからない。

もちろん天皇と無関係ではないのだが、このあたりがどうにもおかしい。民主主義を重んじるならば、この問題にもっと関心を持つべきであろう。危険なのは、帝国主義を標榜《ひょうぼう》していた明治時代への逆行である。

大化の改新で日本は元号を初めて使用しているが、新天皇の即位に合わせて元号を変える「一世一元制」が用いられるようになったのは、明治政府からだ。

国民主権が規定されている日本にあって、天皇の問題をもっと明解にする議論をしなくてはならないと思う。

78

さて、「いりにこち」も今回で連載が終わる。6年7カ月続いた。聡明にして勇気ある相棒の中山千夏さんにも感謝したい。むろん本紙の編集者諸兄姉にもお世話になった。ありがとう。

私たちの「言論表現の自由」は、「琉球新報」では守られてきた。これは大切なことだ。今、日本のジャーナリズムは危機に直面している。書かなければならないこと、議論しなくてはならないこと、伝えなくてはならないことに目を瞑《つむ》っている。「言論表現の自由」を自ら平気で放棄してしまっているのだ。私にはそう思えてならない。

どんな問題にも解決策はある。それは一人一人の自覚によってもたらされる。自由な言論こそが人類を救う、そう確信する。

決して大袈裟に言っているわけではない。ジャーナリズムは臆してはならない。何より悪いのは自主規制だ。言論の自由なしに、ジャーナリズムは存在しないのである。

反権力、反体制、反権威こそが、ジャーナリズムの輝ける地位を確立させることができる。これを忘れてはならないと思う。

愛読してくださった読者の皆さま、心から親愛を込めてサヨナラ！　沖縄よ永遠なれ！

2018年3月22日（矢崎）

78

あとがき

矢崎泰久

膵がんと闘いながら職務を果たしていた翁長雄志・沖縄県知事が八月八日死去した。まだ67歳だった。残念でならない。

かねてから翁長さんは「捨て石になる覚悟」という言葉を口にしていた。アメリカに隷属している日本政府との対決は並大抵なものではなかっただろう。

歴代の沖縄県知事は米軍基地に反対する立場を貫いてきた。ただのひとつも新基地を許していない。屋良朝苗さん、大田昌秀さんの頑張りは並大抵のことではなかった。

日本全国の土地のわずか0・6パーセントの沖縄に、70パーセントの米軍基地があるという現実はあまりにも酷《ひど》過ぎる。22年も前に決まった普天間基地の撤退は、初めから沖縄県外への移設が条件だった。それを反故《ほご》にしたばかりか、辺野古に新基地を造るのは言語道断な計画である。

保守系の仲井真弘多知事が誕生するや、政府は辺野古新基地を確定する。直後に民主党政権が誕生し、沖縄の反対運動は激化する。

「いりにこち」の連載が始まったのは、その直後だった。鳩山首相は、県外移設を約束するが、アメリカの怒りに触れて失脚。菅内閣に変わる。そして、予想外の東日本大震災が起きる。

もともと民主党の初代総理には、小沢一郎が就任する予定だったが、スキャンダル（結果は事実無根だった）が発生して、鳩山さんに譲っている。小沢さんはアメリカと自民党の陰謀の犠牲になった。表向きは中国への接近が原因とされているが、基地問題がからんでいたことは間違いない。

民主党は野田首相のヤケクソ解散で自民党政権が樹立され、安倍首相が強権を発揮するようになった。仲井真さんは官邸に雪隠《せっちん》詰めにされて、遂に沖縄県による辺野古埋立て工事の承認に踏み切った。

辺野古新基地反対を前面に戦って、翁長さんが仲井真さんを敗って新知事に当選。政府と真正面から対決することになった。「オール沖縄」の結成である。

翁長さんは私の知る限りでは温厚な保守系の政治家だった。恐らく目覚めたに違いない。アメリカ政府の非道と日本政府のインチキに怒り心頭に発したのだ。目覚めし人は強い。絶対に意志を貫く。

日米の政府は翁長さんを潰そうとした。消すために躍起となった。強権は何を企てるかわからない。私はそのことを訴え続けて来たつもりだ。翁長さんの早すぎる死には、強権との対決による過酷なストレスがあったに違いない。

反権力、反体制、反権威はジャーナリズムの使命でもある。それを守ろうとしないメディアやジャーナリストが日本に蔓延している。

政治が悪いのも、その責任の一端はジャーナリズムにある。権力を徹底チェックし、体制を批判し、権威に阿《おも》ねらない姿勢を大切にすることによって、社会は成立する。このことを忘れてはならない。

昨年から今年にかけて、森友・加計問題で国会は紛糾した。財務省、文科省、防衛省の官僚による文書偽造、隠蔽、虚偽答弁などで審議は空転し、揚げ句に政権与党は数を頼んで押し切った。こんな乱暴が看過されてしまったのは、一にも二にもジャーナリズムの失態に他ならない。

安倍首相はじめ誰一人として責任を取らなかった。失政と疑惑が明らかになったのに、安倍政権は無傷のままに乗り切って現在に至っている。こんな馬鹿なことが許されるとしたら、歴史的な汚点を残すばかりか、民主主義の破壊に繋《つな》がる。

はっきりしていることは、安倍政権はまるで犯罪組織としか思えない。トランプ政権に媚び諂《へつ》らい、無駄な武器を大量に買い取り、基地負担を更《さら》に拡大している。オスプレイ、イージスアショアなどが、如何《いか》に無用で危険な代物かを私たちは知っている。拉致問題の解決や北方領土返還が絶対に不可能だとわからないのは、安倍首相だけかと思いたくなる。要するに安倍政権は口先だけであり、国民の税金を世界にバラ撒《ま》いて夫妻で遊んでいるだけである。

今、日本の社会では不祥事が相次いで起きている。その原因になっているのが、安倍政権だと気が付いても、日本のジャーナリズムは指摘すらしない。スポーツ界、教育界は明白に安倍政権の真似《まね》をしている。トカゲの尻尾切りはあっても、トップは責任を絶対に取らない。天変地異は関係ないという顔をしているが、対策面でも救援面でも、安倍政権は何もしていないに等しい。福島を原点にする放射能汚染にしても、全く誠意がないだけでなく、ますます悪化させている。

それなのに、まだ権力の座に居続けようとしている。存在そのものが悪であることを、毅然として本人に判らせてやるしかないのである。

98歳で逝った俳人の金子兜太さんの名句、「アベ政治を許さない！」は市民運動に参加している人々のスローガンになった。簡明にして真実をズバリ突いている。

選挙のカラクリは何度も書いたが、75パーセントの議席を衆議院で獲得している自民党の実質得票率は僅《わず》か21パーセントだという事実である。これは小選挙区と比例区によって、死に票の山が築かれていることにある。更に一票の格差と合区での優劣を加算して、法の網を巧みにかいくぐっている。公明党の選挙配分も自民党を利しているから、棄権票も加えて、政権基盤を確実なものとしているのである。

三分の二の議席を国会で得るということは憲法改定への布石に他ならない。安倍首相は総裁と総理で使い分ける二枚舌を駆使して、憲法を改悪しようとしているのだ。つまり、より独裁的な状況を作って、日本を個人の手中に収めようという魂胆を持っている。恐ろしい野望としか言いようもない。

世界の超大国は、①アメリカ②中国③ロシアと現在は決定しているが、この三国は独裁の色彩が共に強く、しかも覇権を目標としている。他にもEU連合や核保有国としてのイギリス、インド、パキスタンの主張は無視できないが、第3次世界大戦が起きれば、世界はおろか地球が滅亡するだろう。そこまで人類が馬鹿かどうかはわからないが、何を仕出《しで》かすのも人間だから、安心出来ない。大国に盲従する国もあるから何が起こるか計り知れない。

あちこちで起きる民族紛争や宗教戦争の裏側には大国が必ず関与しているし、テロリストを利用する大国だって少なくない。その結果、多くの難民が流出する。受け入れる国にもいろいろな問題が派生し、国際社会が真剣に取り組む大問題になりつつある。

単純にスポーツに熱狂している場合ではないのに、権力はそれを利用する。国民の眼をソラしながら、国威高揚にも利用する。経済大国などと日本は自惚《うぬぼ》れているが、実際には今や経済に国籍は無くなりつつある。多国籍企業は利益を求めて世界を移動する。権力者が他国に財産を隠匿するケースは後を絶たない。

来年は天皇の退位と皇太子の即位が行われる。それを主催するのは日本政府だ。淡々と行われるならともかく、政治利用しかねない。天皇を上皇にするなどと勝手に決めているが、何事も初めてのことだけに、どんな事態が発生するかもわからない。私たちはもっと危機感を持つべきである。

元号が変わることを当たり前としているが、果たして元号が日本に必要なのか。西暦だけで十分ではないかというのが一般常識だろう。元号で迷惑しているのは普通の日本人だ。年号が変わって何の利点があるというのか。どうしてもっと議論しないのか。ここも疑問だらけである。

安倍首相には、憲法を変えて天皇を元首にしようという考えがあるらしいが、国民にとっても天皇にとってもそれはとんでもない考えだ。

かつて、天皇はいろいろな権力に利用されてきた。明治維新によって天皇制が誕生し、国家元首となった。明治天皇はまだ15歳だった。自分では担がれたことをどう思っていたのか。

神話と歴史は違う。万世一系も天孫降臨も怪しい。万世一系などもともと有り得ない。明治、大正、昭和は大元師として戦争に参加しているが、天皇陛下は明治以降神格化されてきた。

国民は天皇の赤子《せきし》として命を捧げ、現人神《あらひとがみ》として崇《あが》め奉るよう強制された。第2次世界大戦に敗れ、天皇裕仁は「人間宣言」をする。神から下りる。冷静に考えてみれば、明治維新という間違った長州薩摩の下級武士たちの改革《クーデター》によって、日本という歪《いびつ》な国家が誕生した。それを昭和の敗戦まで日本はずっと引きずってきたのである。天皇は利用されただけだとも言える。

ところが占領軍と吉田茂内閣が作った新憲法では、天皇を象徴と位置づけた。戦争責任を免れた天皇裕仁は在位64年、88歳で死去した。法制化された元号は、昭和から平成に変わった。

昭和天皇は晩年になって、戦争責任を果たさなかったことを深く悔いていたらしい。延命になったことで、象徴として苦痛を感じていたに違いない。やっぱり人間だったのだ。

象徴天皇は憲法に定められているとは言っても、国家にとっては微妙なニュアンスを残している。君主国でも共和国でもなく、民主主義国家だと言っても首を傾げざるを得ない。人権も公民権もない人間が民主主義国家に存在していてもいいのか。日本の民主主義はまやかしに見えてしまう。

退位・即位を迎えるに当たって、かつて天皇が望んだ通りに、人間として遇したらどうか。

その事を真剣に論じるべきではないかと私は考える。中途半端で曖昧な位置でなく、地位はともかくとして、人間として、一日本人として扱う。これが天皇にとっても大切なのではないか。自由で平等で、自分の意志で職業も選べるし、現在所有する資産を活用すれば、皇室に関係のある人々を含めて、十分に生活は保証される。

これこそが昭和天皇の「人間宣言」に対応する唯一の方法ではないだろうか。イギリスのエリザベス女王のように、選挙権も被選挙権も持ち、競走馬をダービーに出走させることも可能になる。人間としていろいろな契約をして、利益を得れば納税の義務も果たす。つまりあらゆることから解放されるのである。

日本人は天皇家や皇室に好意を持っている人も多い。恐らく今後も変わらないに違いないし、一家は歓迎されるだろう。天皇明仁にも、皇太子徳仁にも、妻が民間人だという共通点がある。普通の生活に馴染《なじ》むことは容易だと思われる。

退位と即位の前に、明仁さんと徳仁さんからじっくりご意見を伺うべきではないだろうか。とりあえず開かれた皇室というイメージは必要であろう。

少なくとも安倍政権に天皇問題を委ねることに私には大きな不安がある。好戦的な古い日本にするために、天皇を利用する野望だけは許すわけにはいかない。

天皇明仁は皇太子の頃から、沖縄を訪れ慰霊を行っている。政治に関わりたくないという思いから、靖国神社には一度も参拝していない。そして、常に平和を祈り続け、被災地には足しげく慰問に行っている。素晴らしい人格者でもあり、ボランティアでもあると思う。

天皇明仁と私は同じ年に生まれている。疎開も経験し、空襲の悲惨も見てきた。反戦・平和は同年代として体験から生まれた誓いでもある。

玉城デニーさん！　翁長さんの遺志を繋いで下さい。辺野古新基地を作らせないために戦って下さい。希望を捨てない覚悟が、沖縄を必ず解放するでしょう。

最後に相棒・中山千夏さんにエールを贈ります。

２０１８年９月30日　記

矢崎泰久（やざき・やすひさ）　１９３３年東京生まれ。新聞記者を経て、65年に「話の特集」を創刊。95年までの30年間、編集長と社主を兼務。現在はフリージャーナリストとして執筆活動を続けている。近著に『あの人がいた』（街から舎）他。

2017年	1月2日	東京MXテレビが放送した「ニュース女子」で沖縄の反基地運動を「テロリスト」などと報道
	1月23日	米トランプ大統領がTPP離脱の大統領令に署名
	3月10日	自衛隊の南スーダンからの撤退発表
	3月18日	山城博治沖縄平和運動センター議長が逮捕から約5カ月ぶりに釈放
	5月9日	韓国大統領選挙で文在寅氏が当選
	6月15日	「共謀罪」を新設する組織犯罪処罰法制定
	7月31日	森友学園の籠池前理事長夫妻が詐欺容疑で逮捕される
	10月22日	衆院選で自公圧勝、野党民進党が分裂
	11月6日	ドイツで国連気候変動枠組条約会議(COP23)始まる
	11月9日	米トランプ大統領と中国習近平主席が北京で初会談
2018年	2月20日	俳人の金子兜太氏死去
	3月9日	森友学園の国有地取引を巡り佐川宣寿国税庁長官が辞任
	3月22日	**「いりにこち」最終回**
	4月27日	板門店で南北首脳会談
	5月28日	森友学園問題で逮捕されていた籠池夫妻が7カ月ぶりに釈放
	6月13日	シンガポールで米朝首脳会談
	7月27日	翁長雄志知事が埋め立て承認の撤回を表明
	8月8日	翁長雄志知事が死去
	8月31日	沖縄県が埋め立て承認を撤回、工事停止
	9月30日	沖縄県知事選で翁長知事の遺志を受け継ぐとした玉城デニー氏が勝利

2016年	3月4日	代執行訴訟で国が和解を受け入れ、国・県双方が訴訟取り下げ
	3月7日	国が埋め立て承認取り消しの「是正指示」
	3月15日	甘利明TPP担当大臣があっせん利得処罰法違反で刑事告発される(最終的に不起訴)
	4月3日	タックスヘイブンを利用した脱税などを暴いた「パナマ文書」の報道始まる
	5月19日	4月28日に起きた女性暴行殺人事件で米軍属の男逮捕
	5月26日	G7伊勢志摩サミット開催(〜27日)
	5月27日	米大統領として初めてオバマ大統領が広島を訪問
	6月19日	米軍属女性暴行殺人事件に抗議する県民大会に6万5000人参加
	6月21日	舛添要一東京都知事が公私混同問題などで辞職
	6月23日	英国国民投票でEU脱退が多数
	7月7日	永六輔氏死去
	7月10日	参議院議員選挙で自公大勝、3分の2超える
	7月22日	知事が「是正指示」に応じないとして国が「不作為の違法確認訴訟」を提起
	8月8日	明仁天皇が生前退位の意向表明
	10月18日	東村高江の米軍のヘリ着陸隊工事で大阪府警の機動隊員が反対市民に「土人」と発言
	11月8日	米大統領選挙でトランプ氏が勝利
	12月20日	「不作為の違法確認」訴訟で最高裁判決、県敗訴確定
	12月26日	翁長知事が埋め立て承認取り消しを取り消す
	12月27日	沖縄防衛局が工事再開

	6月8日	明仁天皇のいとこの桂宮死去
	6月16日	中間貯蔵施設建設を巡り石原伸晃環境相が記者団に「最後は金目でしょ」と発言
	6月27日	天皇夫妻が対馬丸記念館と「小桜の塔」を初めて訪れる
	7月1日	沖縄防衛局が辺野古新基地の陸上部分の工事着手
		政府が集団的自衛権行使を容認する閣議決定
	7月13日	滋賀県知事選で自公推薦候補を破って三日月大造氏が初当選
	7月14日	沖縄返還の日米密約文書の開示請求訴訟で最高裁が棄却判決
	9月5日	テニス全米オープン男子シングルスで錦織圭が準優勝
	9月7日	名護市議選で辺野古新基地反対の稲嶺進市長の与党が過半数獲得
	11月16日	沖縄県知事選で普天間飛行場の辺野古移設に反対する翁長雄志氏が初当選
	11月21日	安倍晋三首相が衆院解散
	12月14日	衆院選で自・公が3分の2を上回る。沖縄は全4選挙区で新基地反対候補が当選
	12月31日	NHK紅白歌合戦でサザンオールスターズが「ピースとハイライト」を歌う
2015年	1月11日	佐賀県知事選で自公推薦候補を破って山口祥義氏が初当選
	4月12日	統一地方選挙投開票日（政令指定都市など。16日に市町村選挙）
	4月26日	安倍首相が米国公式訪問
	9月8日	自民党総裁選で安倍晋三氏が無投票再選
	10月13日	翁長雄志知事が辺野古埋め立て承認を取り消し
	10月27日	国交大臣が知事の承認取り消しの執行停止の是正勧告（29日工事着手）
	11月17日	国交大臣が知事を相手取り代執行訴訟提起

2013年	1月28日	沖縄県の全41市町村長、議会議長と県議会議長らが署名した「建白書」を安倍首相に提出
	3月25日	広島高裁が12年の衆院選を無効とする判決、26日に広島高裁岡山支部も無効判決
	4月28日	政府主催「主権回復の日」式典開催
	5月13日	橋下徹大阪市長が会見で「慰安婦制度は必要」と発言
	7月5日	参議院選挙で自民党がTBSに取材拒否通告
	7月21日	参議院選挙で自公勝利、衆議院とのねじれ解消
	9月7日	IOC総会で安倍首相が福島原発事故を「アンダーコントロール」と発言。 東京五輪招致決定
	10月31日	秋の園遊会で山本太郎参院議員が原発問題を訴える手紙を天皇に直接手渡す
	11月7日	国家安全保障会議設置法が成立
	12月6日	特定秘密保護法が成立
	12月19日	猪瀬直樹東京都知事が借入金問題で辞意表明
	12月27日	仲井真弘多知事が辺野古埋め立てを承認
2014年	1月19日	名護市長選で辺野古新基地反対を訴えた稲嶺進氏が再選
	1月25日	籾井勝人NHK会長が就任会見で「政府が『右』と言っているのに『左』と言うわけにはいかない」などと発言
	2月5日	作曲家佐村河内守氏の作品が代作と発覚し騒動に
	2月7日	ロシアのソチで冬季五輪開幕
	2月18日	ウクライナ騒乱始まる
	3月2日	石垣市長選で現職の中山義隆氏が再選
	4月1日	消費税が5％から8％に
	4月9日	ノーベル平和賞委員会から日本国憲法9条がノミネートされたと市民団体に連絡
	5月7日	タイのインラック首相、職権乱用で違憲判決が下り失職

■関連年表

2009年	7月19日	鳩山由紀夫民主党代表が普天間飛行場の移設先について「最低でも県外」と表明
	8月30日	総選挙で民主党が圧勝し、政権交代
	9月16日	民主党鳩山政権誕生
2010年	1月24日	名護市長選で辺野古新基地反対を訴えた稲嶺進氏が初当選
	5月4日	鳩山首相が来沖、普天間飛行場の県内移設方針を表明
	6月8日	鳩山首相が退任、菅直人政権発足
	11月28日	県知事選で仲井真弘多氏が県外移設を公約して再選
2011年	3月11日	東日本大震災、東京電力福島第1原発事故
	6月21日	2プラス2で辺野古にV字形2本滑走路で合意
	9月2日	菅直人首相辞任、野田政権発足
	9月19日	**「いりにこち」連載開始**
	11月28日	沖縄防衛局の田中聡局長が「これから犯す前に犯しますよと言いますか」と発言、更迭
	12月1日	一川保夫沖縄相が1995年の米兵少女暴行事件について「正確な中身を詳細には知らない」と国会答弁
2012年	3月4日	ロシア大統領選挙でプーチン氏勝利(通算3期目)
	5月6日	フランス大統領選挙決選投票でオランド氏当選、現職サルコジ氏敗北
	6月29日	首相官邸前の原発反対デモに20万人
	9月9日	オスプレイ配備反対県民大会に10万1000人参加
	10月1日	普天間飛行場にオスプレイ配備強行、抗議市民が飛行場の全ゲートを一時封鎖
	11月16日	野田首相が衆院解散
	12月16日	衆院選で民主党が大敗。自民党が単独過半数、第2次安倍政権へ。都知事選で猪瀬直樹氏当選

本書は「琉球新報」2011年9月19日〜2018年3月22日の連載に加筆・修正したものです。

いりにこち

2018年12月8日　初版第1刷発行

著　著　矢崎 泰久
　　　　中山 千夏

発行者　玻名城 泰山
発行所　琉球新報社
〒900-8525
沖縄県那覇市泉崎1-10-3
問合せ　琉球新報社読者事業局出版部
電　話(098)865-5100
発　売　琉球プロジェクト
製作・印刷　新星出版株式会社
製本所　仲本製本

ISBN978-4-89742-239-8 C0036
定価はカバーに表示してあります。
日本音楽著作権協会（出）許諾第 1813090-801 号